LES 50 VOILIERS QUI ONT CHANGÉ L'HISTOIRE DE LA VOILE

EMMANUEL VAN DETH

LES 50 VOILIERS QUI ONT CHANGÉ L'HISTOIRE DE LA VOILE

Vagnon

Direction éditoriale : Élisabeth Pegeon
Édition : Julie Quillien
Direction artistique : Isabelle Mayer
Mise en page : Mogao
Illustrations (plans) : Cyril Richard
Direction de fabrication : Thierry Dubus
Fabrication : Marie Guibert
Photogravure : Les Caméléons, Paris

ISBN : 978-2-85725-960-2
Code MDS : VA10183
N° d'édition : V16026

Achevé d'imprimer par DZS - Slovénie en septembre 2016
Dépôt légal : octobre 2016

SOMMAIRE

SOMMAIRE

1965 -

-1975

1965

Alizé

Le dériveur devenu croiseur et populaire

Le polyester à l'assaut des mers

Avec le *Golif*, l'*Alizé* est un des premiers croiseurs de grande série construit en polyester. Après des décennies de production en bois, les chantiers et architectes découvrent les possibilités offertes par les moules. Formes tortueuses pour s'affranchir des contraintes passées du bois ou élégante cassure de la ligne du pont, l'*Alizé* a clairement choisi le bon camp, celui du design réussi !

Étonnant comme un même architecte reconnu peut concevoir une discrète réussite et un retentissant ratage à deux années d'intervalles pour le même chantier ! Soyons plus clairs : l'architecte est Ericus Gerhardus van de Stadt, disparu en 1999, certainement le créateur de voiliers le plus réputé en Hollande. Le chantier est Jeanneau et les deux voiliers dont nous allons parler sont l'*Alizé* et le *Storm*. Le premier est pour le constructeur vendéen la découverte d'un nouveau marché, celui du croiseur côtier. Avec un certain succès puisque le bateau sera présent dix ans au catalogue. Le second, lancé deux ans plus tard, est un peu son grand frère, mais dans la famille ringard. Soit un terrible flop commercial !

Mais revenons à l'*Alizé*. Comme de nombreux petits croiseurs de l'époque, il bénéficie d'un ratio voilure/poids impressionnant : 47,5 m^2/t. Pour comparaison, celui d'un *Melges 24* est égal à 43,2 m^2/t. Pas étonnant que notre engin frétille dès les premières risées, se révèle sportif dans la brise, ne dédaigne pas de planer franchement… Les équipages les plus sportifs le dotaient même d'une paire de trapèzes, histoire de dompter l'assiette latérale et de se griser de vitesse. Le programme était donc très proche du *590*, dont il partage les mêmes caractéristiques. C'est un peu comme la *Simca 1000* contre la *Renault 8* : la première est tombée en désuétude alors que la seconde conserve ses aficionados.

Et pourtant, notre *Alizé* mérite toujours d'être (re)connu. D'abord parce qu'il est rapide et plaisant sous voiles. Même si, poussé dans ses derniers retranchements, il risque le chavirage, à l'instar de la plupart des petites unités des années soixante-dix, on pense toujours au *590*, mais également au *DC 20*. L'*Alizé* convient parfaitement

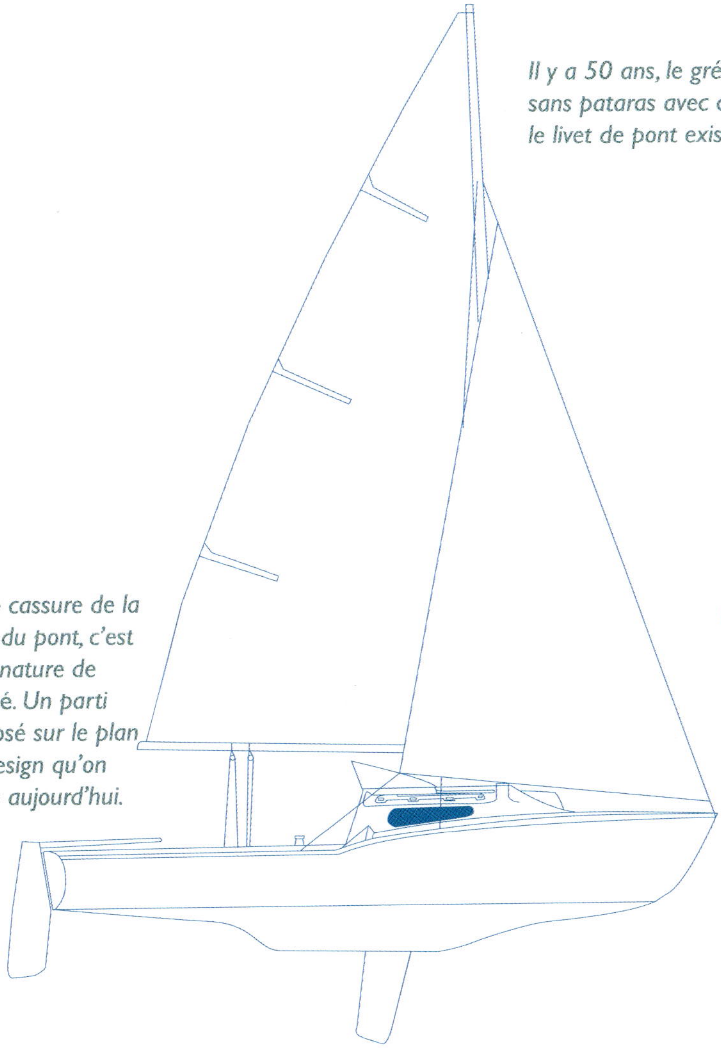

Il y a 50 ans, le gréement fractionné sans pataras avec cadènes sur le livet de pont existait déjà !

Cette cassure de la ligne du pont, c'est la signature de l'Alizé. Un parti pris osé sur le plan du design qu'on salue aujourd'hui.

Caractéristiques de l'*Alizé*

- Constructeur : Jeanneau
- 350 exemplaires de 1965 à 1975
- Matériau : polyester
- Architecte : E. G. Van de Stadt
- Longueur de coque : 6 m
- Longueur à la flottaison : 5,5 m
- Largeur : 2,05 m
- Tirant d'eau : 0,40/1,20 m
- Poids lège : 450 kg
- Lest : 150 kg
- Surface de voile : 19 m^2
- Grand-voile : 12 m^2
- Génois : 7 m^2
- Moteur : HB 3 à 5 ch

L'architecte a dédié pratiquement la moitié de la longueur du pont au cockpit, lequel peut accueillir jusqu'à six équipiers.

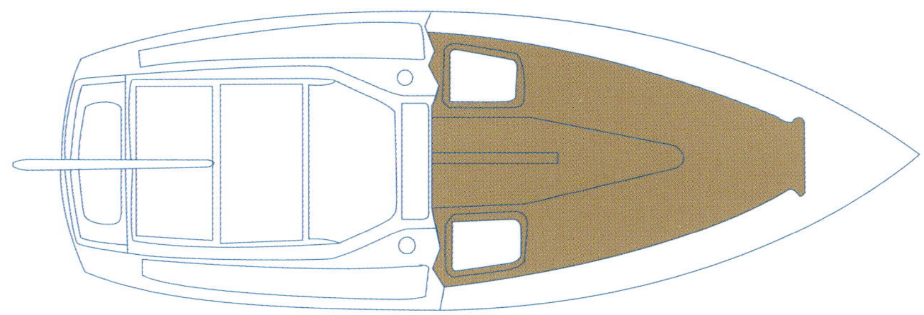

pour naviguer sur des lacs, rivières, golfes, baies et autres plans d'eau protégés. Il est également bien adapté aux mouillages peu profonds avec seulement 40 cm de tirant d'eau dérive relevée. Il se révélera bien moins convaincant en mer ouverte. Second point fort : **sa ligne reste très originale. L'étrave est bien défendue, la tonture de pont est très nettement inversée jusqu'à l'amorce du cockpit où elle devient rectiligne. D'où ce dessin reconnaissable entre mille...** Le plan de pont fait la part belle au cockpit, qui occupe près de la moitié de la longueur. Le rouf se débrouille comme il peut pour offrir aux aménagements très dépouillés un minimum de volume. Passavants et plage avant en souffrent un peu, avis aux équilibristes pour les parties d'empannages sous spi ! Mais avant de jouer du stick et du réglage fin, il vous faudra remettre à niveau l'accastillage, une simple formalité quand il s'agit de gérer moins de 20 m^2 de surface de voile au près. Programme large et séduisant pour ce mini croiseur toujours amusant : la ballade ou petite croisière en famille, mais également la régate de clubs de préférence sur des plans d'eaux abrités.

1966

Nautical 33

L'ancêtre du fifty

Voile et moteur

En termes de design et de carène, rien de nouveau sous les latitudes septentrionales. La quille presque longue avec retour de galbord, l'arrière norvégien et le gréement de ketch appartiennent au passé. Mais c'est bien *le Nauticat 33* qui a popularisé le concept du motorsailer. Une façon de naviguer qui a décomplexé l'usage du moteur! Et ça, c'est toujours d'actualité...

Si aujourd'hui le *33* est bien d'une époque révolue, avec son arrière norvégien, son gréement de ketch et sa quille longue, il innove pourtant en 1966 par son concept. **C'est en effet ce premier modèle du chantier finlandais Nauticat qui impose le fifty**, comprenez mi-voilier, mi-moteur. À l'époque, les voiliers de croisière se différencient bien entendu des machines de régate, mais très peu sont équipés d'un puissant moteur Diesel. **Le *Nauticat 33*, avec 70 ch en fond de cale dès les premiers modèles, assume donc ce nouveau genre, baptisé motorsailer de l'autre côté de la Manche.** Le concept plaît puisque de 1966 à 1997, ce modèle sera diffusé à 1 500 exemplaires, ce qui en fait un best-seller dans cette nouvelle catégorie.

Ce modèle a connu des évolutions importantes au cours de sa très longue carrière. Les superstructures en bois cèdent au polyester dès 1979 et le château arrière, en option sur les premiers modèles, se décline ensuite en série, assorti d'une plate-forme bien dégagée. La construction finlandaise, particulièrement bien échantillonnée, assure rapidement au chantier Nauticat une excellente réputation. Le constructeur a lancé bien d'autres modèles, toujours dédiés à la croisière sûre et confortable.

La vie à bord du *33* est très différente de celles des croiseurs « classiques ». Ici, on est comme à la maison : les grandes surfaces vitrées permettent d'observer la mer debout comme assis à 360° et le poste de barre face à la route est une invite à tomber la veste de quart, surtout si un chauffage est installé à bord. Le carré n'est pas en reste : on peut y partager un repas à huit sans se serrer.

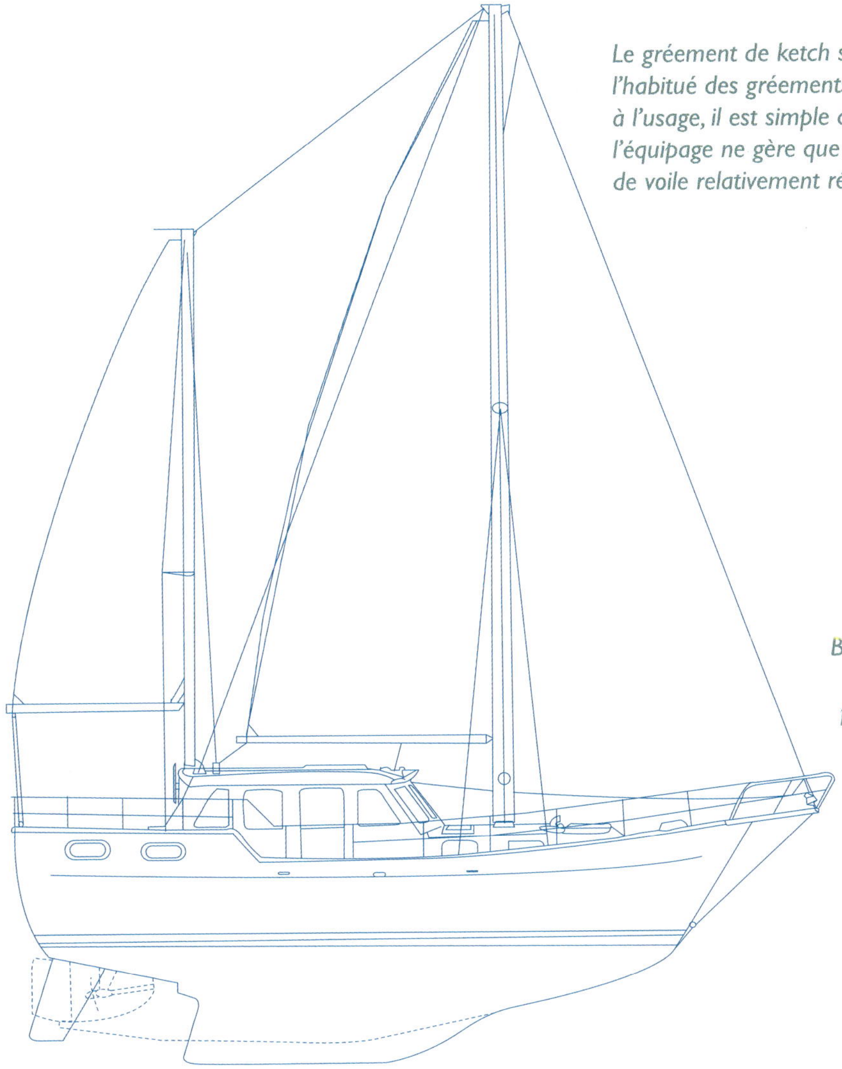

Le gréement de ketch surprendra l'habitué des gréements modernes ; à l'usage, il est simple d'utilisation : l'équipage ne gère que des surfaces de voile relativement réduites.

Surface mouillée importante mais tirant d'eau réduit, robustesse et échouage possible.

Caractéristiques du *Nauticat 33*

- Constructeur : Siltala Yachts
- Architecte : BE Siltala
- 1 500 exemplaires de 1966 à 1997
- Longueur de coque : 10,10 m
- Longueur à la flottaison : 8,6 m
- Largeur : 3,25 m
- Tirant d'eau : 1,25 ou 1,55 m
- Déplacement : 7 700 kg
- Lest : 2 300 kg
- Surface de voile au près : 45 à 55 m^2
- Moteur : Diesel de 70 à 110 ch
- Matériau : polyester ou polyester et bois

Barrer au sec par temps froid et humide, le tout avec une parfaite vision du plan d'eau, donne envie de naviguer toute l'année.

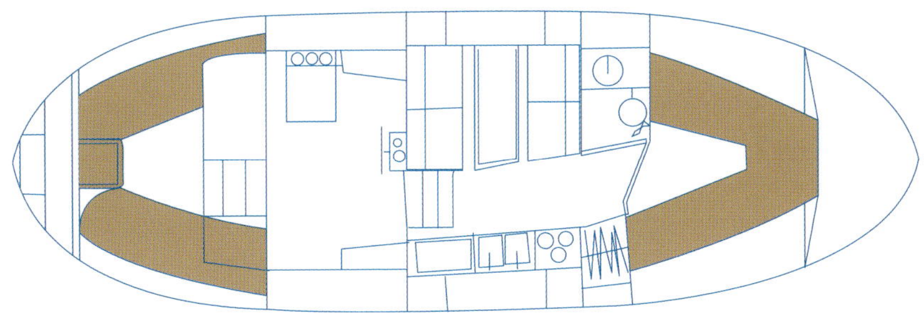

Partout du bois massif – du teck, une essence qui vieillit très bien –, deux salles d'eau et un éclairage très soigné. On apprécie les deux cabines doubles, aménagées chacune à une extrémité du bateau. Avec un vent inférieur à 12 nœuds, on n'aura aucun scrupule à mettre en route le moteur et à conserver la grand-voile ou l'artimon pour limiter les mouvements de roulis. Idem pour une longue traite face au vent : pas question de louvoyer pendant des heures, vive le puissant Diesel !

À partir de 4 Beaufort, place à la navigation à la voile. Le *33* fait alors bonne figure, capable d'accrocher les 7 nœuds au débridé. Le plan de pont, avec son cockpit central et ses deux mâts, est bien différent de celui des sloups modernes ; on s'en accommode très rapidement. Dans la grosse brise, la combinaison génois/artimon est très efficace.

En France, les fifties connaîtront également leurs heures de gloire avec la gamme Évasion de Bénéteau. De nombreux modèles sont d'ailleurs gréés en ketch, comme le *Nauticat 33*, puis les *Idylle*, plus typés américains, sans oublier les plus modernes *Espace* de Jeanneau. Fort de ses nombreux rangements et d'une excellente capacité de charge, le *Nauticat 33* se prête parfaitement au grand voyage dans d'excellentes conditions de confort et de sécurité. Le concept du motorsailer a encore de beaux restes !

1967

Arpège

Toujours moderne à 50 ans !

De la largeur pour du volume

Avec 20 à 30 % de largeur au maître-bau de plus que la moyenne de ses concurrents, l'*Arpège* impose le premier un nouveau standard en termes de proportion. Désormais, le rapport largeur/longueur de 1 pour 4 passe à 1 pour 3. La bonne surprise, c'est que la carène se révèle tout aussi performante, voire plus, et que la coque offre un volume habitable bien plus important.

Le petit frère du *Sylphe*, un voilier de 6,50 déjà confortable, élégant et marin, a connu un succès plus grand encore que son aîné. **Plus soigné sur le plan du dessin du rouf et de la carène, qui marie une grande largeur inhabituelle à l'époque et des élancements harmonieux, l'*Arpège* s'impose rapidement en régate**. L'engouement des plaisanciers pour ce modèle est spectaculaire : 1 500 unités seront construites en huit ans de production.

Le bateau a connu, afin d'optimiser encore ses performances en course, quelques modifications au cours de sa carrière. En 1970, le tableau classique s'est inversé et le gréement plutôt ramassé a gagné quelques mètres carrés supplémentaires. Les tout derniers modèles ont hérité d'une quille plus profonde et plus lourde. En navigation, l'*Arpège* affiche d'excellentes performances au près et de bonnes aptitudes par petit temps grâce à une surface mouillée très réduite, la fameuse carène toute ronde… En revanche, le tempérament du bateau au portant dans la brise est plutôt rouleur : sous spi et bonne mer arrière, les compétences du barreur seront immédiatement perceptibles.

Quant aux emménagements, ils ne correspondent pas du tout aux standards actuels : volumes tout ouverts et cabines doubles et cossues ne sont pas de mise ! La zone de vie avec cuisine, couchettes de quart et coin navigation jouxte le cockpit alors que le carré et les toilettes sont repoussés dans la moitié avant. **Passez une nuit en mer à bord d'un *Arpège* et vous comprendrez immédiatement le bien-fondé de la formule** ! Quelques défauts, car il en faut bien, même à bord d'un voilier mythique : un cockpit étriqué et pas de couchette double à poste. Possibilité d'en installer une dans le carré.

Les amateurs de ce croiseur de 9,25 m sont nombreux. Ils organisent même une « Coupe du Monde des *Arpège* » âprement disputée tous les ans sur la côte atlantique. **Le plan dessiné par Michel Dufour, patron du chantier éponyme – on savait tout faire à l'époque ! – serait, si on le comparait à une voiture, la prestigieuse DS de Citroën.** Le chantier est bien conscient que l'*Arpège* constitue l'essence même de son patrimoine : pour fêter les 40 ans de son modèle en 2007, Dufour Yachts a présenté au Grand Pavois de La Rochelle une unité parfaitement restaurée. Et les tentatives de perpétuer « l'héritage » sur les nouveaux modèles sont bien présentes. En témoigne le rouf à deux niveaux du *Dufour Grand Large 382*, dévoilé en 2014. L'*Arpège* est aujourd'hui, bien plus qu'un voilier ancien réussi, une preuve de bon goût : ce n'est pas pour rien que ce croiseur a rejoint les rangs très élitistes des voiliers classiques, un sésame qui permet de côtoyer les plus prestigieuses unités du circuit.

Les deux niveaux du rouf et sa forme avant en étrave inversée sont la signature du bateau. Un design personnel dont on ne se lasse pas !

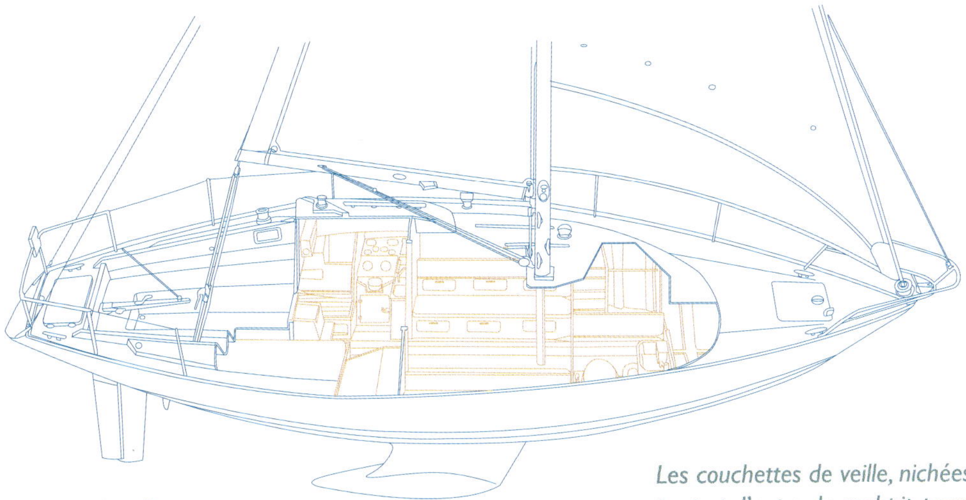

Le cockpit se rétrécit fortement sur l'arrière, ce qui se traduit par des bancs et surtout des hiloires très étroits.

Les couchettes de veille, nichées de part et d'autre du cockpit, permettent de se caler et de profiter de la zone du bateau la moins soumise au tangage.

Caractéristiques de l'*Arpège*

- Constructeur : Dufour
- 1 500 exemplaires de 1967 à 1976
- Matériau : polyester
- Architecte : Michel Dufour
- Longueur de coque : 9,25 m
- Longueur à la flottaison : 6,70 m
- Largeur : 3,00 m
- Tirant d'eau : 1,35 ou 1,50 m
- Poids lège : 3 300 ou 3 600 kg
- Lest : 1 200 ou 1 500 kg
- Surface de voile : 48,5 m^2
- Grand-voile : 17 m^2
- Génois : 31,5 m^2
- Moteur : IB 18 ch Diesel

1968

Cognac

À la découverte du planning

Arrière extra-large

Cinq ans après l'étonnant *Muscadet* – on ne présente plus ce croiseur marin et performant, devenu un voilier culte –, Philippe Harlé adopte avec son *Cognac* des formes arrière très porteuses, généralisée bien plus tard (10 à 15 ans!) sur la plupart des modèles. Avantages: le bateau supporte bien mieux la charge de l'équipage dans le cockpit et part facilement et bien à plat en survitesse dès qu'il est porté par une vague.

Sacré baroudeur que ce *Cognac*! Aujourd'hui encore, près de 50 ans après son lancement, des skippers solitaires ou des jeunes couples n'hésitent pas, à son bord, à se lancer dans une belle boucle atlantique. **Ce plan Philippe Harlé se caractérise par une largeur importante pour l'époque... et surtout un tableau arrière quasi conforme aux gabarits actuels. Soit une carène révolutionnaire à la fin des années soixante.** Sur l'eau, sa surface mouillée relativement importante associée à une surface de voilure modérée et un déplacement assez lourd – le rapport de lest qui atteint les 40 % y est pour quelque chose – lui vaut une certaine paresse par petit temps. Mais dès que le vent se lève, le valeureux *Cognac* a de beaux restes et peut en remontrer à de nombreux croiseurs dernier cri de sa taille. Il se révèle en effet particulièrement à l'aise au louvoyage dans la mer formée tandis qu'au portant, il ne demande qu'à planer sur les vagues. N'hésitez pas à conserver le spi dans ces conditions, le barreur sera ravi et la barre des 10 nœuds vite franchie!

Très apprécié par les navigateurs puristes, à l'instar de ses frères *Muscadet* et *Armagnac*, il est le plus souvent dénué d'enrouleur. On change donc les focs sur mousquetons à l'ancienne. La plage avant, bordée par un pavois très haut, se prête bien à l'exercice. Le *Cognac* ne gagne pas grand-chose à être suréquipé, mais au contraire à être conservé dans son esprit d'origine, un peu Glénans... Les accros seront donc prêts à tirer sur les écoutes. Tout juste pourront-ils éviter de prendre trop de paquets de mer grâce à la petite capote qui protège le cockpit sur de nombreux exemplaires. Les emménagements sont à première vue plutôt basiques. Peu de lumière, les hublots latéraux sont très petits. Et l'absence de rouf limite la

Caractéristiques du *Cognac*

- Constructeur : Aubin, Moinard
- 200 exemplaires de 1968 à 1978
- Matériau : contre-plaqué
- Architecte : Philippe Harlé
- Longueur de coque : 7,35 m
- Longueur à la flottaison : 5,90 m
- Largeur : 2,72 m
- Tirant d'eau : 1,26 ou 1,40 m
- Déplacement lège : 1 750 kg
- Lest : 700 kg
- Surface de grand-voile : 11,70 m^2
- Surface de génois : 19,00 m^2
- Moteur : hors-bord 5 à 10 ch

L'absence de rouf limite la hauteur sous barrots mais facilite les déplacements sur le pont.

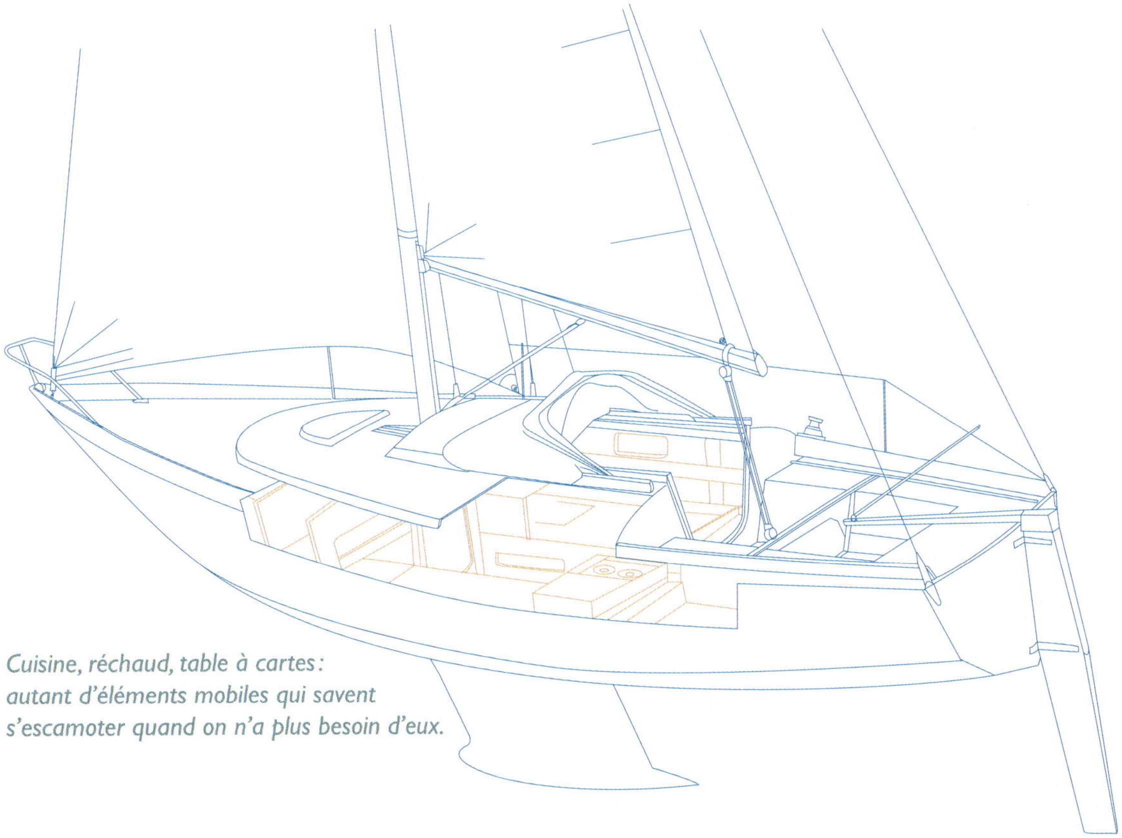

Cuisine, réchaud, table à cartes : autant d'éléments mobiles qui savent s'escamoter quand on n'a plus besoin d'eux.

hauteur sous barrots de 1,42 m seulement… C'est une valeur plutôt conforme à un voilier de 18 à 20 pieds. **La cabine cache en fait de nombreuses astuces typiques de Philippe Harlé, comme le bloc-cuisine qui se glisse sous le cockpit, le réchaud caché dans un placard et la table à cartes escamotable. Il est amusant de constater que depuis quelques années, les grands chantiers s'ingénient à retrouver cet esprit marin et modulable à bord de leur dernier modèle.** Avec ses deux couchettes cercueil utilisables en mer, le *Cognac* est un vrai voilier taillé pour la navigation hauturière.

Sangria

Le plus grand succès de Jeanneau

Des emménagements marins avant tout

Philippe Harlé adorait naviguer, de jour comme de nuit. Son *Sangria* en est la parfaite illustration. À son bord, les emménagements sont dictés par le bon sens marin. Couchettes et cuisine utilisables à la gîte, table du carré utilisable à l'extérieur, table à cartes amovible, ce croiseur compact offre un confort en croisière toujours aussi saisissant aujourd'hui.

À l'aube des années soixante-dix, Jeanneau tente de digérer l'échec du *Storm*, diffusé à 150 exemplaires seulement en trois ans. Henri Jeanneau tient à proposer un croiseur moderne et fait appel au jeune Philippe Harlé – celui-là même qui vient de s'illustrer six ans plus tôt avec son *Muscadet*. Le deal passé entre les deux hommes et le suivant : l'architecte obtiendra un intéressement de 1 % sur les 150 premiers bateaux, 2 % ensuite. On comprend bien que le chantier nourrit quelques ambitions de succès. Le Rochelais impose sa touche alcoolisée – la plupart de ses créations portent des noms de vins ou de cocktails – et dessine un voilier tout en rondeur mais très épuré. On est déjà loin du plan de pont chargé de l'*Edel 3*, lancé seulement deux ans plus tôt. Ce dernier trahit encore la culture des voiliers en bois mais également l'excitation légitime de cette toute nouvelle liberté offerte par la construction en polyester, le meilleur exemple de cette double influence restant le *Golif*.
Rien de tout ça à bord du *Sangria*, dont la plage avant, le rouf et le cockpit sont d'une sobriété exemplaire. Sans être moderne, ce modèle fait mouche grâce à ses performances : dès sa première année, le *Sangria* s'adjuge de prestigieux podiums, comme les deuxième et troisième places de la classe VI de Cowes-Dinard. La version régate avec quille profonde a été diffusée par Gibert Marine jusqu'en 1977. L'accastillage et la robustesse du gréement permettent de tirer le meilleur parti du bateau, sans risque de casse même par bonne brise. Et le plaisir de barre est bien au rendez-vous. Le *Sangria* plaît également aux familles. D'abord la hauteur sous barrots est de 1,70 m, ce qui est plutôt confortable à l'époque à bord d'une unité de moins de huit mètres. **Ce qui frappe le visiteur ensuite, c'est l'intelligence de**

Un robuste tube capelé en tête et trois points d'ancrage latéraux sur chaque bord afin de limiter tout effet de pompage, le mât n'a qu'à bien se tenir !

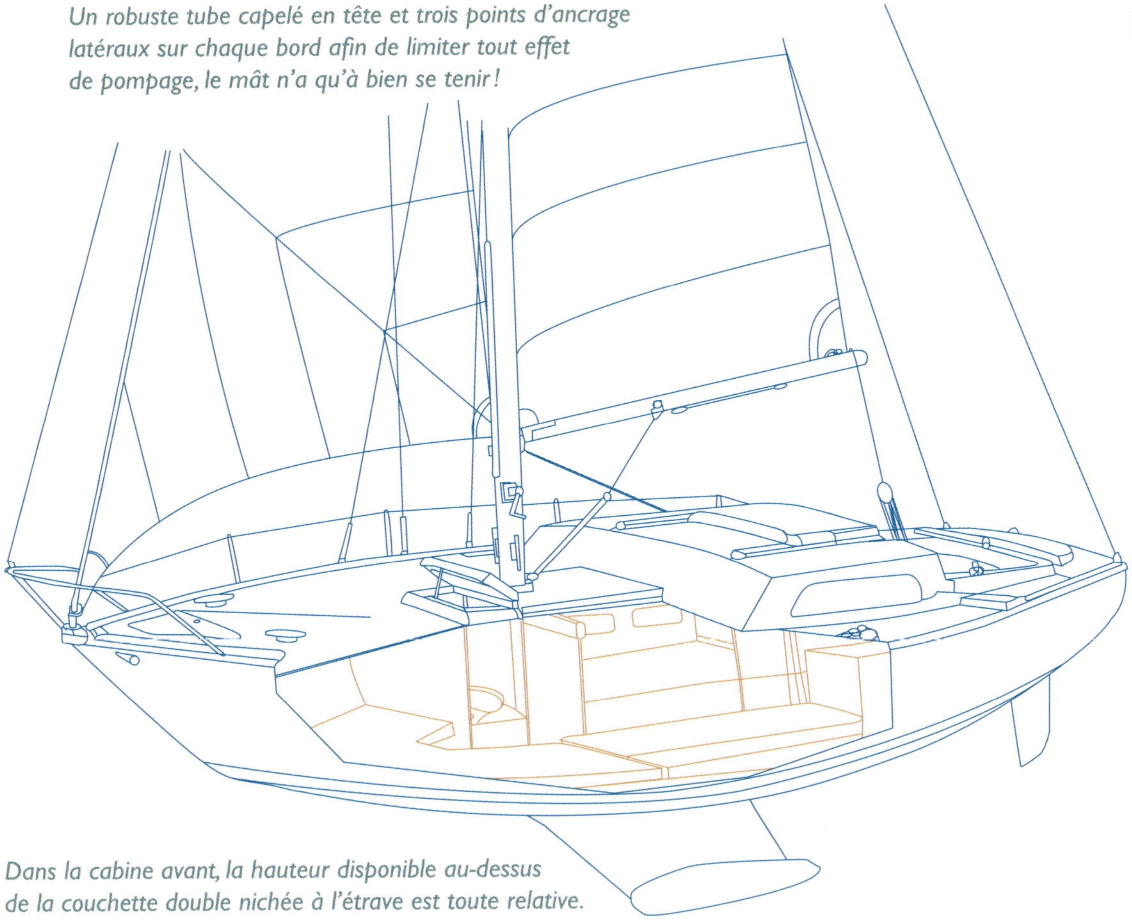

Dans la cabine avant, la hauteur disponible au-dessus de la couchette double nichée à l'étrave est toute relative. Mais les dormeurs sont bien isolés du carré.

Caractéristiques du *Sangria*

- Constructeurs : Jeanneau et Gibert Marine
- 2 156 exemplaires de 1969 à 1982
- Longueur de coque : 7,6 m
- Longueur à la flottaison : 5,8 m
- Largeur : 2,7 m
- Tirant d'eau : 1,20 ou 1,48 m
- Déplacement : 1 700 kg
- Lest : 750 kg
- Surface de voile au près : 31,5 m^2
- Grand-voile : 12,5 m^2
- Génois : 19 m^2
- Matériau : polyester

ses emménagements : les deux couchettes cercueils permettent de se caler en mer, les rangements sont bien placés, les équipets astucieux, la table de carré amovible – on la sort dans le cockpit à la demande pour les belles journées –, la grande couchette double avant est isolée par les toilettes, la cuisine est bien positionnée près de la descente et enfin la fameuse table à cartes disparaît sous la banquette bâbord du cockpit. Tout y est, il ne manque rien, une invite immédiate à la croisière en famille. Seul reproche des familiers de la Manche et de l'Atlantique : le *Sangria* s'échoue plutôt mal sur béquilles, il porte souvent sur son safran.

Enfin, comme tous les modèles construits par Jeanneau à l'époque, le *Sangria* est bien placé en prix. Autant de qualités qui lui offrent le sésame d'un club très fermé, celui des modèles qui ont dépassé les 2 000 exemplaires construits, 2 156 pour être précis. Le *Sangria* a été revu par le chantier en 1975 et surtout en 1979, sous le vocable *NV*. **Mis à part le cockpit étriqué et l'absence de jupe arrière, on n'a pas fait vraiment mieux quant au confort intérieur et à l'agrément en navigation.**

CE QU'EN DISENT LES CONSTRUCTEURS

Bruno Belmont

Directeur développement produits voile chez Bénéteau

Ancien directeur de JTA – Jeanneau Techniques Avancées –, Bruno Belmont a très tôt pris en charge des projets très ambitieux, comme la construction de Pierre Ier*, le trimaran du film* Waterworld *et bien d'autres... Aujourd'hui, chez Bénéteau, c'est Monsieur Océanis. Mais également l'inventeur du concept Sense. Bref, un homme aux avant-postes des tendances du monde de la voile.*

Quelles sont les principales innovations dans les voiliers depuis 50 ans ?

Je dirais les formes des appendices (safrans suspendus, quille en aileron) ; l'enrouleur de génois ; les formes de carène à bouchain ou en nette augmentation de la raideur aux faibles angles ; la luminosité intérieure ; la circulation entre dedans et dehors et l'accès à la mer !

Quelles sont les innovations apportées par Bénéteau ?

La construction en série, qui rend un voilier de croisière plus abordable sans perdre sur les aspects qualité et sécurité. La construction en composite au bon rapport de poids/solidité. Et enfin l'augmentation du confort à bord sans perdre la notion de bonne performance.

Quelles sont les prochaines évolutions à venir ?

L'asservissement ou simplification de l'apprentissage de la voile.
Un support, la coque, adapté à plus d'un usage : en faisant varier le pont, l'aménagement, les équipements, les appendices, le gréement, on devrait pouvoir mieux adresser les différents types de navigations. À la journée, au week-end, en vacances, en vie à bord, en grand voyage, avec peu de monde à bord ou au contraire avec de grandes tribus...

Ensuite l'évolution des appendices et des formes de carènes pour encore réduire la gîte et proposer plus de confort intérieur sans perdre en performance.

And so much more... qu'on garde pour nous !

Bruno Belmont est à l'origine du concept Sens. Le Sens 50 est évoqué aux pages 160-161.

Focus
1970

Les années polyester

Voilà huit ans que le polyester s'est invité dans la construction de voiliers. Jusqu'alors, le bois classique, moulé et contreplaqué régnait en maître, à peine dérangé par l'acier et l'aluminium, plutôt réservés aux plus grandes unités.

Un peu de technique : ce qu'on appelle communément « polyester » est en réalité un ensemble de fibres de verre imprégnées par de la résine polyester. La partie extérieure est réalisée en gel coat. Ce dernier formant une barrière de protection contre l'eau, il est du coup appliqué le premier dans le moule. Quand le composite est bien sec, le moule est ouvert, découvrant la coque prête à recevoir son moteur, son lest et ses emménagements avant d'être pontée. La deuxième pièce est elle aussi issue d'un moule.

Le premier bateau en polyester produit en série est le *Golif*, construit jusqu'en 1967 à 1 200 exemplaires. Le constructeur Jouët, séduit par les possibilités offertes par la fibre de verre, s'est permis un dessin de rouf particulièrement torturé... Et c'est vrai que les moules permettent toutes les fantaisies ou presque en matière de formes. D'abord, on se passe des bouchains. Ensuite, toutes les rondeurs, même de fort rayon, deviennent possibles, à l'exception du frégatage qui nécessite un moule en deux parties. Autre avantage, un moule peut être utilisé des dizaines et des dizaines de fois sans faillir – permettant même parfois de produire des centaines de coque. Soit la possibilité d'accélérer les cadences de production tout en réduisant les coûts.

Un autre atout important du polyester est sa qualité de vieillissement. L'espérance de vie d'un voilier a d'un coup quasiment doublé : de 20 ans pour une unité en bois, elle est passée à 40, en tenant compte des naufrages, incendies et autres fortunes de mer comme terrestres. Bref, un voilier en « plastique » est devenu inusable... Et ne réclame aucun entretien sinon un coup de polish de temps en temps. Alors qu'un bateau en bois, ce sont des heures à refaire les peintures, les vernis, à soigner l'étanchéité.

L'engouement pour les unités en polyester correspond également, dans les années soixante-dix, à l'utilisation d'un matériau moderne, high-tech, donc plus valorisant que le bois. En revanche, la construction traditionnelle en fibre de verre, c'est-à-dire sans emploi de sandwich composite, avec une âme en mousse, balsa ou encore PVC, telle qu'on la pratique dans les chantiers qui proposent des coques en grande série, n'a pas permis de gain de poids significatif. Certains voiliers en bois moulé restent même plus légers.

Pas de meilleures performances donc, mais des bateaux moins chers, moins exigeants et plus durables.

Le Golif est le premier bateau en polyester construit en série.

1970

Challenger Scout

Toujours prêt... à régater !

Les bouchains avant l'heure

Depuis quelques années, voiliers de course et désormais purs croiseurs nous vantent les mérites du bouchain – d'abord arrière, il rejoint désormais les étraves. Mais les bouchains étaient déjà utilisés sur toutes les constructions contre-plaquées, et conservés sur le *Challenger Scout* pourtant construit en polyester.

Étonnant *Challenger Scout* ! Il est bien de la veine de ces illustres aînés, le *Challenger* et le *Super Challenger*, deux croiseurs qui n'ont eu de cesse que de montrer leur tableau arrière à ceux qui tentaient de les défier... **Mais le *Scout*, conçu en plein boom du composite verre/polyester, abandonne le bois pour ce matériau bien mieux adapté à la construction en série et surtout ne nécessitant aucun entretien. Pour autant, il conserve les bouchains de ces prédécesseurs, et gagne encore en largeur. Il affiche donc une carène étonnamment moderne**. Planante, elle permet au *Scout* d'atteindre de très belles vitesses au portant, d'autant que les 1 200 kg tout mouillés sont aisés à faire décoller... Le gréement est lui aussi toujours dans le coup. Fractionné, il fait la part belle à la grand-voile, comme nos croiseurs d'aujourd'hui.
Alors, déjà moderne en 1970, le *Challenger Scout* ? Pas tout à fait. Son étrave camuse à l'élancement interminable, le point d'amure du foc reculé et le lest incliné trahissent tout de même une conception quelque peu datée... Mais ne boudons pas notre plaisir : ce voilier, bien préparé – carène soigneusement poncée, jeu de voiles neuf et accastillage remis au goût du jour – reste une machine redoutablement efficace sur l'eau. Amateurs de régates de club, ce voilier est pour vous ! Seul frein au potentiel du bateau, son hors-bord en puits. L'installation, pratique en croisière puisque le moteur reste bien immergé même par fort clapot, génère une traînée très préjudiciable. Mieux vaut, pour les amateurs de performances, ôter le moteur et obturer le puits avec une trappe.
Le plan de pont du *Challenger Scout*, grâce à un rouf discret, préserve des passavants fréquentables et le cockpit, relativement large, est capable d'accueillir confortablement,

Caractéristiques du *Challenger Scout*

- Constructeurs : Quéré, Cormoran
- 1 500 exemplaires de 1970 à 1980
- Longueur de coque : 7,20 m
- Longueur à la flottaison : 5,35 m
- Largeur : 2,50 m
- Tirant d'eau : 1,05 m
- Déplacement : 1 200 kg
- Lest : 450 kg
- Surface de voile au près : 29,30 m²
- Grand-voile : 13,30 m²
- Génois : 16 m²
- Matériau : polyester

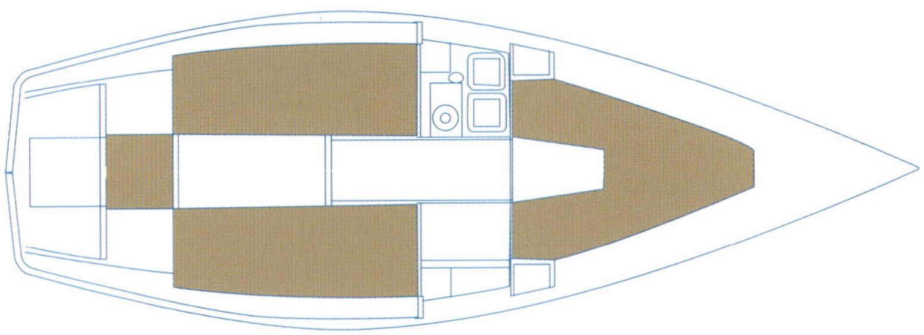

même au rappel, un équipage de trois à quatre personnes. Les emménagements sont bien plus classiques que les lignes d'eau avec deux couchettes cercueil, un bloc cuisine et une table à cartes au centre, sans oublier la couchette double qui se niche dans l'étrave. Le *Challenger Scout* a connu une longue et belle carrière. Diffusé à 1 500 exemplaires, il s'est décliné, avec quelques évolutions mineures : *Challenger Export* puis *GT 26*.

1971

Hobie 16

Just for fun!

Il remonte au près sans dérives

Les coques asymétriques particulièrement bananées présentent un flanc extérieur tout plat, de telle sorte que toute la partie centrale de la carène sous le vent fait office de plan anti-dérive. Du coup, le *Hobie 16* se passe très bien… de dérives!

C'est LE catamaran de sport, connu sur tous les plans d'eau du monde. Mais son histoire démarre avec son petit frère, le *Hobie 14*. Lancé deux ans plus tôt au sud de la Californie, **l'engin se caractérise par des coques très originales, influencées par les pirogues polynésiennes** : peu volumineuses, elles sont très bananées et leur flanc extérieur est tout plat alors que la face intérieure est classiquement bombée. **Du coup la coque sous le vent, toujours relativement enfoncée dans l'eau, fait office de plan anti-dérive. Les dérives sont donc inutiles!** Le *14*, prévu pour naviguer seul avec la grand-voile, se décline pour deux – version Turbo – avec un foc. L'engin est déjà très rapide, mais il lui manque quelques chevaux.

C'est précisément ce qu'offre son grand frère le 16. Plus long, plus large et pas beaucoup plus lourd, il affiche une surface de voile de près de 20 m². **Soit un rapport poids/puissance incroyable de 130,28 m²/t au près et même 198,41 m²/t au portant avec le spi, proposé plus tard par le constructeur.** Le moteur devient démoniaque mais le châssis, tout rigide qu'il est, est rapidement malmené.

110599
Hobie

108626

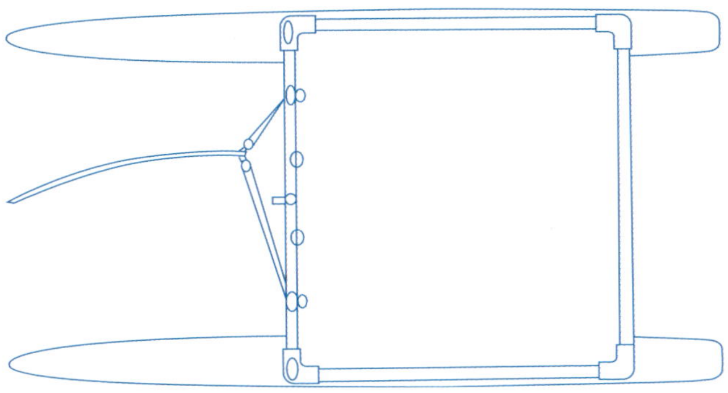

Le faible volume des coques se traduit par un trampoline rapidement humide.

Le pied de mât est monté sur une rotule, le mât est pivotant afin d'assurer un profil laminaire optimum.

La grand-voile toute lattée est déjà imposante. On peut désormais la booster par une corne. Un spi asymétrique est également proposé.

Caractéristiques du *Hobie 16*

- Constructeur: Hobie Cat
- 110 000 exemplaires depuis 1971
- Longueur de coque: 5,11 m
- Largeur: 2,41 m
- Déplacement: 155 kg
- Capacité de charge: 240 kg
- Surface de voile au près: 18,89 m²
- Grand-voile: 13,77 m²
- Génois: 5,12 m²
- Hauteur du mât: 8,07 m
- Matériau: polyester

Concrètement, jusqu'à 15 nœuds de vent et mer plate, le *Hobie 16* se maîtrise facilement. Il est déjà particulièrement vif, vire relativement aisément... Bref, il peut être mis entre toutes les mains ou presque. Le décor change brutalement quand la brise et les vagues se lèvent: tel un cheval devenu fou, le *16* développe une puissance bien plus difficile à gérer. Si le trampoline surélevé permet à la structure de se jouer facilement des paquets de mer, la coque sous le vent ne demande qu'à s'engager sous la surface. On ressent ici très nettement le faible volume des flotteurs et surtout la finesse de ses extrémités. Le *16* est susceptible de chavirer classiquement sur le côté, mais également de sancir par l'avant sans prévenir... voire par l'arrière. L'assiette du bateau est donc primordiale, est c'est bien à l'équipage de la gérer en permanence. D'une manière générale, on se recule au maximum, pendu aux trapèzes – il y en a deux. Pas facile de trouver le bon réglage, mais quel plaisir! **Une fois le mode d'emploi intégré, vous pourrez taquiner la vraie houle, l'utiliser comme tremplin pour décoller tout le bateau, et bien sûr surfer sans retenue. Comme les Californiens qui ont inventé ce catamaran toujours aussi excitant il y a 45 ans!** Aujourd'hui, le *Hobie 16* est toujours décliné en version Classic, mais également en Race avec une classe monotype très active, et enfin en Easy, avec une surface de voilure plus sage.

1972

Poker

Carré confortable ou flush ?

Le volume sans complexe

Au début des années soixante-dix, les architectes explorent des largeurs plus importantes, des franc-bords rehaussés et des arrières plus porteurs. Michel Joubert, avec son *Poker*, réunit ici les trois tendances innovantes pour l'époque, désormais notre standard pour les voiliers de croisière.

Sacré pari pour le chantier Jeanneau – à l'époque grand leader de la construction nautique en France – que de demander à Michel Joubert de lui dessiner un voilier de milieu de gamme. L'architecte est en effet encore très peu connu. Seul son *Sing-Sing*, décliné en différents matériaux, s'est illustré en régate. **Le Rochelais a toujours été en avance de quelques longueurs... rien d'étonnant au fait que son *Poker* marque une nette évolution comparé à la production de l'époque. Plutôt large, bien assis sur une carène porteuse à l'arrière et assez haut de franc-bord, son gabarit général rappelle les voiliers d'aujourd'hui**. À ceci près que les élancements restent importants. La pente de l'étrave et celle de la voûte totalisent 1,85 m là où un *First 27.7* affiche une flottaison égale à sa longueur de coque. Autre point quelque peu disgracieux, le long rouf et ses grands hublots, qui confèrent une ligne un peu molle à l'ensemble.

La déclinaison *Flush*, construite par le chantier Gibert Marine – on lui doit plus tard tous les *Gib'Sea* – est bien plus réussie sur le plan du design, précisément parce que le rouf, comme son nom le suggère, est pratiquement absent.

Sur le plan des performances, cette version, avec son plan de voilure un brin plus puissant et son lest plus profond, est très convaincante à toutes les allures. Au louvoyage, le bateau tangue peu et assure un très bon cap. Au portant, il peut rouler un peu au plein vent arrière, mais demeure capable d'accrocher quelques pointes à 9 nœuds grâce à son déplacement plutôt léger. L'accastillage, servi par des winches un peu justes, réclame des bras pour border plat le grand génois – le double en surface de la grand-voile.

Les *Poker* « classiques », qui représentent les 3/4 de la flotte, sont logiquement un peu en

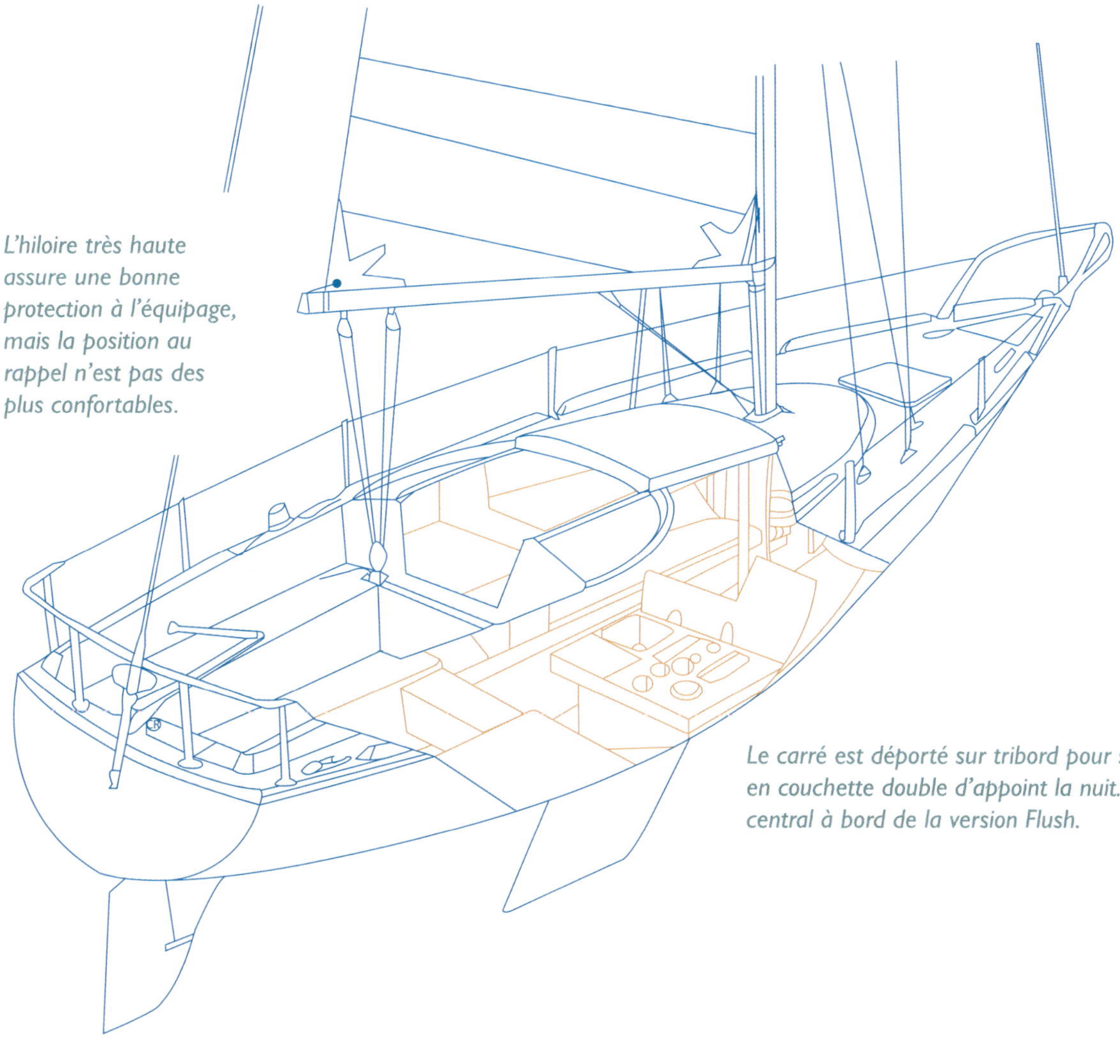

L'hiloire très haute assure une bonne protection à l'équipage, mais la position au rappel n'est pas des plus confortables.

Le carré est déporté sur tribord pour se transformer en couchette double d'appoint la nuit. Il est central à bord de la version Flush.

Caractéristiques du *Poker*

- Constructeurs: Jeanneau et Gibert Marine
- 619 exemplaires de 1972 à 1978
- Longueur de coque: 8,25 m
- Longueur à la flottaison: 6,40 m
- Largeur: 2,85 m
- Tirant d'eau: 1,45 m ou 1,65 m pour le *Flush*
- Déplacement: 2 200 kg
- Lest: 900 kg
- Surface de voile au près: 38,30 m^2
- Grand-voile: 25,50 m^2
- Génois: 12,80 m^2
- Matériau: polyester

retrait, ne serait-ce qu'en raison du fardage plus important. Mais quel volume, justement! Le *Poker* en offre beaucoup plus que ses concurrents, ce qui en fait un croiseur très apprécié en famille. Malgré les grandes découpes latérales dont nous avons parlé plus haut et le capot avant, l'intérieur reste assez sombre... La faute à l'absence de capot de descente: l'architecte a en effet, par souci d'économie et de simplicité, opté pour un simple panneau vertical, lequel est suffisamment haut pour ne pas gêner l'accès à la cabine. La cuisine jouxte le bordé bâbord, au pied de la descente. Elle profite donc de la hauteur sous barrots maximale et d'une aération naturelle optimale. Le carré est quant à lui déporté sur tribord – il peut faire office de couchette double d'appoint la nuit. La version *Flush* conserve un carré central classique. Au pied de mât, le cabinet de toilette isole la couchette double avant de la zone de vie. Soit une trame d'emménagements très conforme à l'esprit marin des années soixante-dix. On compterait aujourd'hui avec la cabine arrière...

1973

Romanée

Le mythe increvable

Son alu est en forme

Les voiliers de grande série en aluminium sont déjà rares pendant les années soixante-dix, et l'assemblage des tôles en forme encore plus ! Philippe Harlé propose donc un voilier particulièrement original. Et tellement bien construit qu'il reste aujourd'hui une des valeurs sûres de la grande croisière.

Plus de 40 ans après son lancement, le *Romanée* reste une valeur incontournable dans la catégorie des croiseurs hauturiers. C'est un peu le 4x4 des mers, en ce sens que sa longueur est tout juste suffisante pour affronter les conditions les plus extrêmes qu'un équipage est susceptible de rencontrer au large de Terre-Neuve ou en Patagonie. Certains équipages ont relaté des chavirages dans les grosses mers du Sud : le *Romanée* s'est toujours redressé... avec son mât en place !

Le programme du *Romanée*, en 1973, est pourtant sensiblement différent : c'est plutôt la course croisière. **Philippe Harlé a opté pour l'aluminium en forme, ce qui est très rare à cette époque, en ce qui concerne les voiliers de grande série en tout cas.** Ce type de construction demande une parfaite maîtrise des techniques de soudure pour ne pas déformer les tôles.

Reconnaissons au chantier Pouvreau un sacré savoir-faire en la matière : **ses *Romanée*, particulièrement structurés, sont pratiquement indestructibles**. La carène est typique de l'architecte : rondeurs et volume. Bien toilé, le *Romanée* est très véloce dès 2 Beaufort.

FLAMM

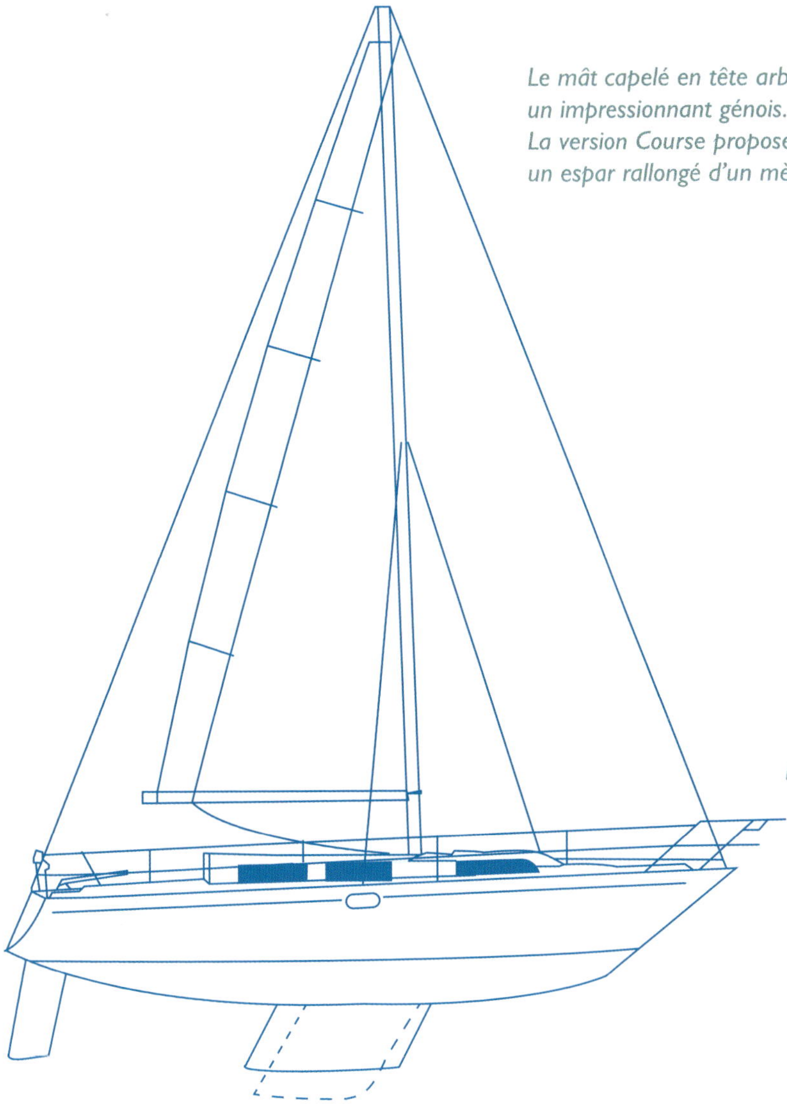

Le mât capelé en tête arbore un impressionnant génois. La version Course propose un espar rallongé d'un mètre.

Le dessin en U de la cuisine, typique de l'architecte, permet de se caler quelle que soit la gîte. Et difficile de trouver une plus grande table à cartes à bord d'un voilier ! De plus, elle est idéalement placée face à la route.

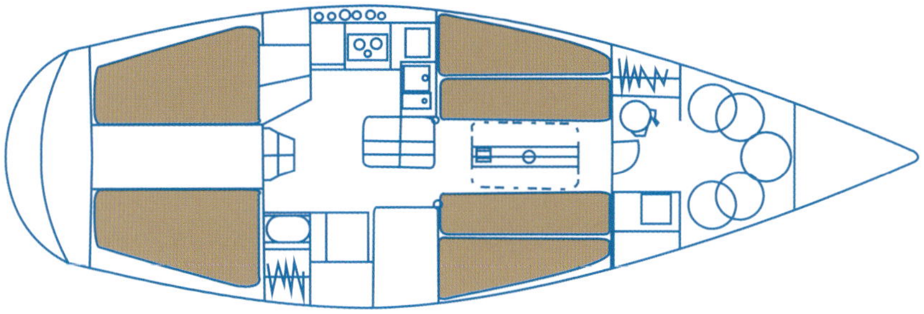

Caractéristiques du *Romanée*

- Constructeur : Pouvreau
- 185 exemplaires de 1973 à 1983
- Longueur de coque : 10,20 m
- Longueur à la flottaison : 8,00 m
- Largeur : 3,50 m
- Tirant d'eau : 1,57 ou 1,85 m
- Déplacement : 4,60 t
- Lest : 1,65 t
- Surface de voile au près : 62 m^2
- Grand-voile : 20 m^2
- Génois : 42 m^2
- Moteur : 10 à 25 ch Diesel
- Matériau : aluminium

Son allure de prédilection est le près dans la brise, où le bateau progresse avec aisance et puissance. Il est moins convaincant au débridé, tout en étant capable de moyennes de 8 nœuds pour peu que l'alizé soit en forme.

Le plan est déjà très moderne et fonctionnel, avec un cockpit large, des hiloires bien inclinés, des passavants larges, des longues mains courantes et une plage avant bien dégagée. Seul l'immense génois de 42 m^2 donnera quelques suées à l'équipier charger de le border. **Mais c'est sans doute à l'intérieur que Philippe Harlé a donné le meilleur. Ses emménagements restent un modèle d'efficacité et de sobriété pour un usage en mer**. Au pied de la descente, une imposante cuisine en U permet au maître queux de préparer ses petits plats. En face, sans doute la plus grande table à cartes que vous n'avez jamais vue à bord d'un voilier. Au format grand-aigle, on peut donc y déplier une carte complète... Certes, aujourd'hui, à l'ère de la navigation électronique, c'est un peu moins utile. Mais ça reste un bureau ministériel ! À l'arrière deux cabines : les couchages sont un peu justes pour être des vrais doubles. Là on est loin des gabarits de nos *Océanis* et autres *Sun Odyssey*. À tribord, une bannette superposée. Le carré, légèrement avancé – c'est bien la cuisine et la table à cartes qui s'imposent dans la zone de vie –, propose quant à lui quatre couchettes de mer, pas moins. La soute avant est dédiée au cabinet de toilette et à la soute à voiles.

1974

Tremolino

So exciting!

Un cata qui devient tri

C'est son concept qui est quasi révolutionnaire : passer d'un catamaran de sport à un trimaran habitable, il fallait y penser ! Le résultat est particulièrement séduisant, à tel point que le *Tremolino* reste sans doute le petit multicoque de raid le plus excitant sur le marché.

Les idées les plus folles sont parfois les meilleures... Difficile en tout cas de décrire ce qui s'est passé dans la tête du génial Dick Newick quand il a inventé son *Tremolino*. Un peu d'histoire : au début des années soixante-dix, John Ollins, passionné de multicoques légers, rencontre Dick, architecte du prao *Cheers* et de tant d'autres coursiers mythiques, aux Îles Vierges britanniques. **Évidemment, les deux hommes sympathisent immédiatement et travaillent rapidement sur un projet excitant : concevoir un kit pour permettre aux propriétaires de *Hobie 16* – encore lui ! – de naviguer sur un trimaran rapide mais sûr**. Les grands enfants devenus parents se lassent de leur *Hobie*, qui n'est plus adapté aux sorties en famille.

La coque centrale, construite en contre-plaqué époxy, procédé *West Sytem* des frères Goujeon, est typique des plans Newick avec son étrave très bananée, sa carène en U et son rouf arrondi. Le bateau rencontre un vif succès aux États-Unis. Le *Tremolino* est désormais construit en série en polyester. Sa carrière aurait pu se cantonner outre-Atlantique... mais voilà que Jacques Dewez, successivement pilote de chasse, armateur du trimaran *Gordano Goose* et coureur automobile, devient en 1982 promoteur immobilier. Il commercialise des villas autour d'un golfe au sud de la Corse et offre à chaque propriétaire un *Tremolino* jaune ! Au total, 18 unités seront donc construites en Corse, et ce sont elles qu'on croise régulièrement sur nos plans d'eau. Il s'agit de la toute première mouture. Ensuite, le *Tremolino* a pris un peu de coffre en plus en s'adaptant aux flotteurs et au gréement du *Hobie 18*. **Puis Dick Newick a dessiné les fameux flotteurs « Half Moon », bien plus porteurs**. En France, la série « bois époxy » a failli être relancée à la fin des années deux mille.

Vue de face, la coque centrale affiche son étroitesse à la flottaison. Notre trimaran de poche adopte un cockpit central, idéal pour la répartition des poids. Les assises sont constituées par de la bâche étanche, lesquelles se prolongent ensuite par des trampolines classiques. Évidemment, naviguer bien au sec tient de l'utopie dès 15 nœuds de vent.

L'accastillage est particulièrement simple : en cinq minutes, plus aucun bouts ni coinceurs n'auront de secrets pour vous. Avec seulement 33 cm de tirant d'eau, le plan Newick peut beacher ou s'échouer en toute sécurité, d'autant que la dérive sabre est maintenue dans un puits équipé d'un système de *crash box* – un simple bloc de mousse ! – aisé à remettre en place. Pas de dégâts à craindre, même en cas de talonnage involontaire. Un défaut ? Si le bateau est transportable derrière le plus modeste des véhicules (et ne nécessite pas de permis spécial), le démontage demande tout de même 4 à 5 heures de boulot à deux. Grâce à son rapport voilure/poids très favorable – la coque centrale pèse moins de 200 kg – le *Tremolino* se contente d'un filet d'air pour glisser sur l'eau. Et peut dépasser les 18 en toute décontraction par bonne brise ! Le bateau évolue sans remous et réagit à la moindre pression sur la barre. Pas de manque à virer à craindre, le *Tremolino* vire sur place et se révèle très sain et prévisible, y compris lors des approches au ponton ou sur une bouée de corps-mort, de sorte qu'il est tout à fait envisageable de se passer de moteur. À l'avant comme à l'arrière du cockpit, deux descentes : chacune mène à une mini-cabine certes étanche, mais au volume compté. Un peu plus de place à l'avant, avec une hauteur sous barrots qui culmine à 1,25 m. De quoi accueillir un dormeur dans chaque abri.

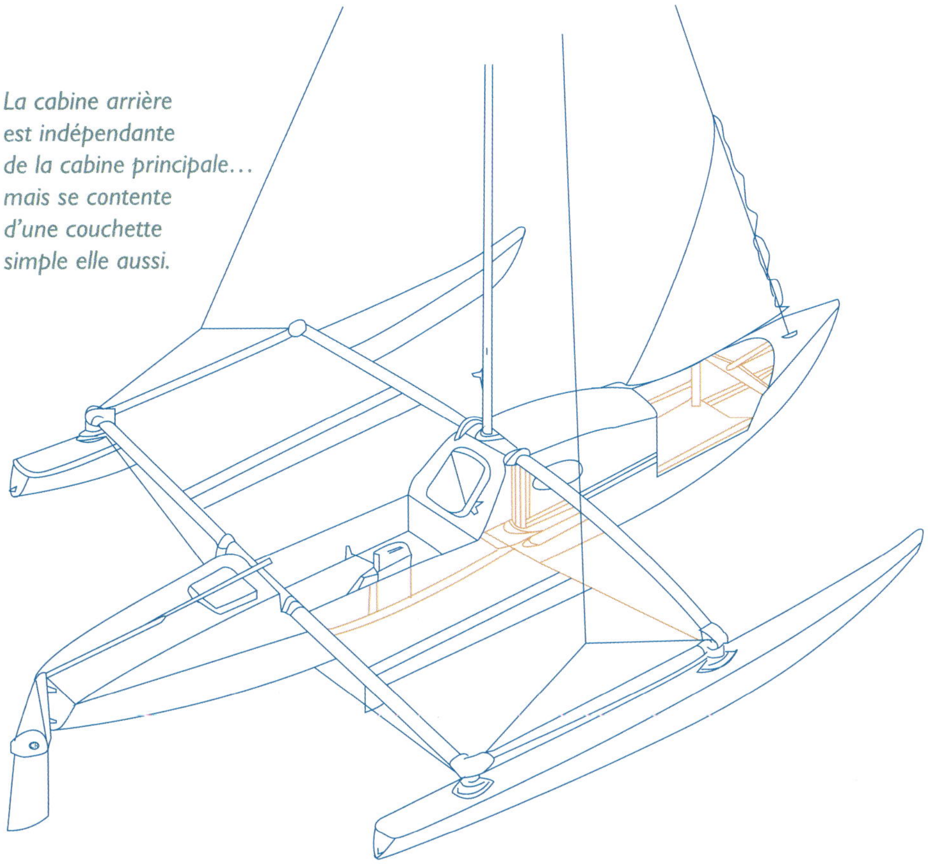

La cabine arrière est indépendante de la cabine principale… mais se contente d'une couchette simple elle aussi.

Caractéristiques du *Tremolino*

- Chantier : SCIM, Tremolino Boat Company USA
- 300 exemplaires depuis 1974
- Architecte : Dick Newick
- Longueur de coque : 6,95 m
- Longueur à la flottaison : 6,40 m
- Largeur : 5,00 m
- Déplacement lège : 363 kg
- Tirant d'eau : 0,33/1,32 m
- Surface de voile : 20,26 m^2
- Grand-voile : 15,14 m^2
- Foc : 5,12 m^2
- Motorisation : hors-bord 2 à 4 ch
- Matériau coque centrale : polyester ou CP époxy

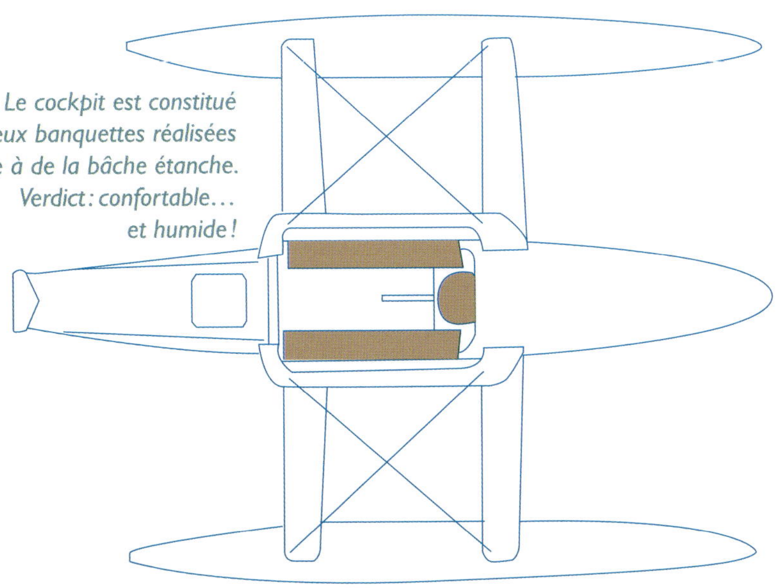

Le cockpit est constitué de deux banquettes réalisées grâce à de la bâche étanche. Verdict : confortable… et humide !

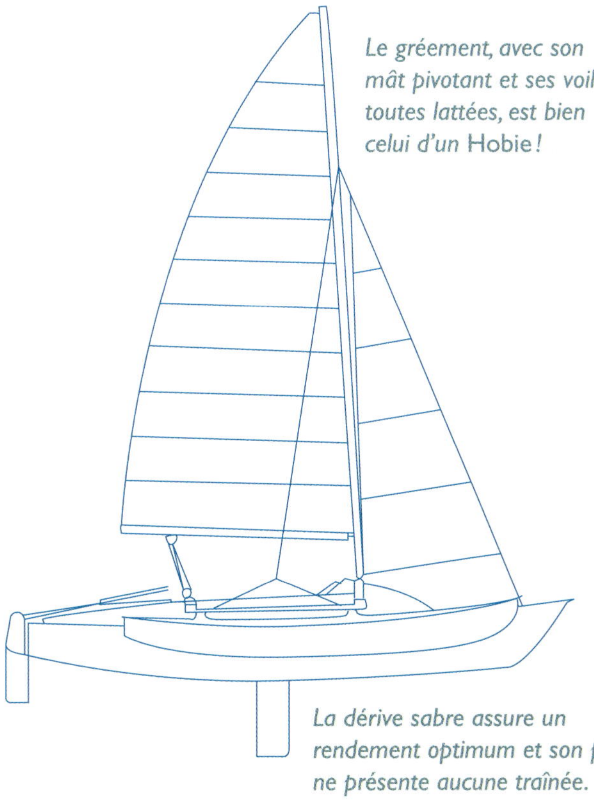

Le gréement, avec son mât pivotant et ses voiles toutes lattées, est bien celui d'un Hobie *!*

La dérive sabre assure un rendement optimum et son puits ne présente aucune traînée.

1975

Écume de Mer NV

C'est le 1er élu Bateau de l'année !

Jean-Marie Finot au dessin

Ce modèle est le premier voilier de grande série de l'architecte Jean-Marie Finot. Débarrassé de toute idée reçue, ce projet de croiseur affiche une carène plutôt large et ronde. Et ses évolutions - comme l'adoption de contre-moules -, dictées par les impératifs de la régate et des chantiers, se traduisent elles aussi par une grande liberté de dessin… pour aboutir à une dernière version particulièrement réussie !

L'histoire de l'*Écume de Mer*, c'est avant tout celle de Jean-Marie Finot, qui signe ici son premier grand succès. **Complètement décomplexé, l'architecte est parvenu, au fil des demandes spécifiques des régatiers et des chantiers qui ont collaboré à son projet, à modifier profondément son voilier jusqu'à son évolution la plus aboutie en 1976**.

Car l'histoire de ce voilier démarre en 1968. Le jeune architecte tente de proposer aux chantiers un petit croiseur très moderne avec sa carène large, son cockpit aux larges hiloires inclinés et ses manœuvres qui sont toutes reprises depuis le cockpit. Un constructeur hollandais est intéressé, mais souhaite participer à la Quarter Ton Cup, une compétition de haut niveau. L'*Écume de Mer* s'agrandit pour optimiser des chances dans le cadre de la fameuse jauge IOR, référence de l'époque, et devient donc un prototype de course. qui s'illustre en Mer du Nord puis sur nos côtes. Un constructeur australien décline une première version croisière avec carène à bouchains, franc-bord plus bas et rouf. C'est en 1969 que le chantier Mallard s'intéresse à l'*Écume* : en polyester, il adopte une coque en forme – moins de franc-bord et rouf pour elle aussi – et des emménagements complets pour la croisière avec carré dînette, cuisine contre le bordé bâbord, quatre couchettes et cabinet de toilette. Le bateau connaît immédiatement un grand succès commercial. Les plaisanciers sont en effet séduits par ce vrai croiseur compact et solide, capable d'affronter le mauvais temps. Les performances de l'*Écume de Mer*, désormais sage voilier de série, ne semblent pas pâtir de ses multiples transformations, bien au contraire, puisqu'un modèle remporte en 1970 la si convoitée Quarter… Jean-Marie Finot, toujours prêt à retoucher ses plans, conçoit de nouveau une

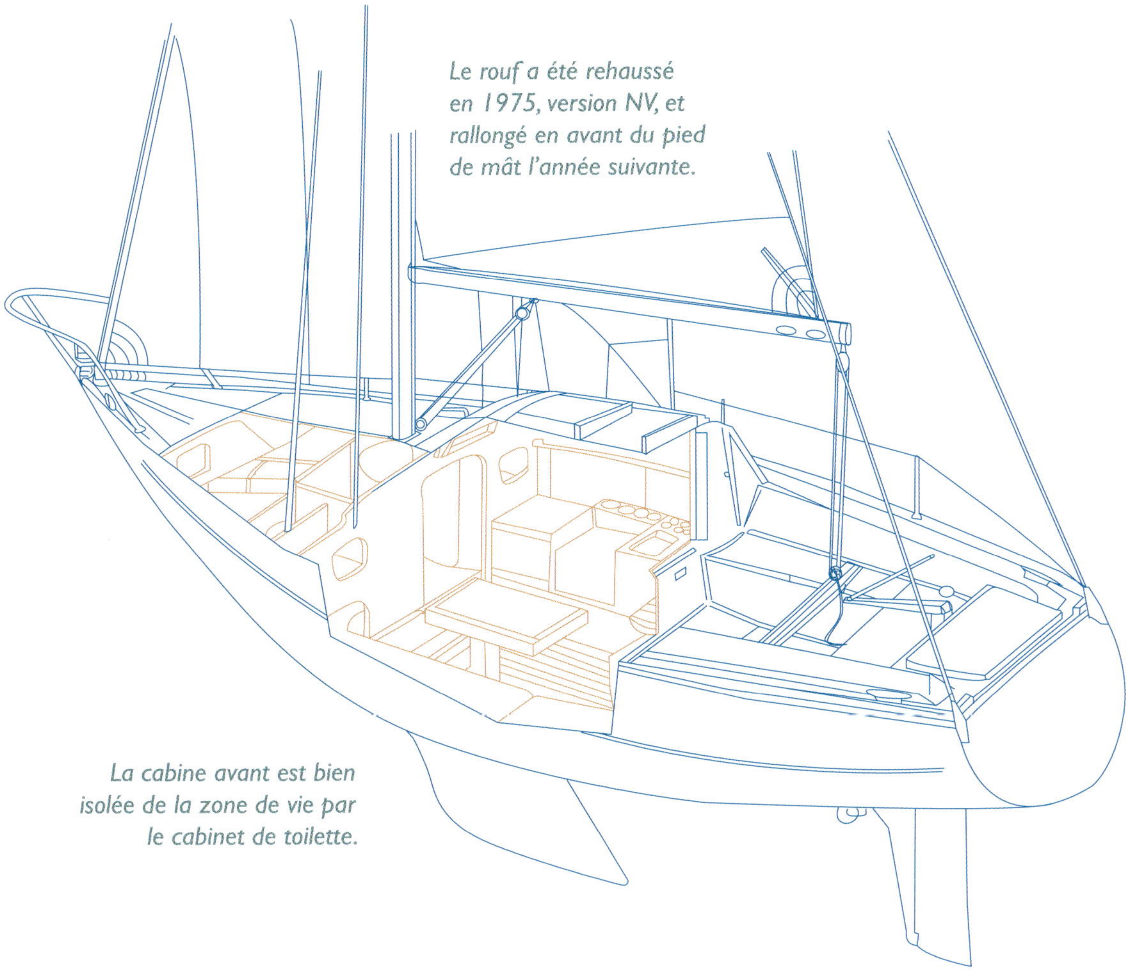

Le rouf a été rehaussé en 1975, version NV, et rallongé en avant du pied de mât l'année suivante.

La cabine avant est bien isolée de la zone de vie par le cabinet de toilette.

Caractéristiques de l'*Écume de Mer*

- Constructeur : Mallard
- 1 335 exemplaires de 1969 à 1979
- Longueur de coque : 8,00 m
- Longueur à la flottaison : 5,90 m
- Largeur : 2,70 m
- Tirant d'eau : 1,25 ou 1,50 m
- Déplacement : 1 850 kg
- Lest : 720 kg
- Surface de voile au près : 34,20 m²
- Grand-voile : 12,30 m²
- Génois : 21,90 m²
- Matériau : polyester

version régate en 1972, baptisée *Petite Fleur*. L'*Écume* est également construit sous licence au Japon. L'année suivante le voilier est choisi comme support pour le Tour de France à la Voile, il le restera 6 ans. **Et c'est donc en 1975 que le bateau atteint son évolution la plus réussie et sa consécration : il est élu Bateau de l'année.** Les superstructures sont redessinées, la coque allégée et les trouvailles adoptées sur le petit frère de l'*Écume*, le *Rêve de Mer*, sont reproduites : un cale-pied en aluminium, une nouvelle pièce d'étrave monobloc, une étrave à guibre, le retour de toutes les drisses au cockpit et les mains courantes de rouf intégrées. Ultime modification en 1976 avec le rouf, rallongé en avant du pied de mât pour offrir une hauteur sous barrots confortable au cabinet de toilette. **Au final, un voilier toujours dans le coup en termes de performances, de dessin de plan de pont et étonnement habitable. Coup d'essai, coup de maître !**

CE QU'EN DISENT LES CONSTRUCTEURS

Paolo Serio
Responsable marketing, produits et communication chez Dufour

Le chantier Dufour a présenté en 1964 son premier voilier, le Sylphe, *petit frère de l'*Arpège, *né trois ans plus tard. Depuis, ses modèles font plutôt figure de grands classiques, bien construits et bien finis. Aujourd'hui, le chantier développe deux gammes. La première, celle des « deux chiffres » comme le* 36, *est axée sur la performance. La seconde,* Grand Large, *s'oriente vers la croisière.*

Quelles sont pour vous les principales innovations dans les voiliers depuis 50 ans ?

Depuis son lancement en 1964, le chantier Dufour Yachts incarne le symbole d'une révolution industrielle, technique et technologique dans la construction de voiliers de plaisance.
Le *Sylphe* et l'*Arpège*, voiliers mythiques conçus par Michel Dufour entre 1965 et 1967, font partie des premiers voiliers en polyester à avoir été produits en série. Cette technique de construction, qui marque le début de l'industrialisation, favorisa le développement des voiliers de plaisance.

En parallèle, Michel Dufour a développé le contre-moule de coque, conçu pour faciliter l'assemblage des modules de meubles sur la chaîne de montage.

Ces deux éléments constituent une avancée majeure entre la conception de bateaux produits à l'unité et les débuts de l'ère industrielle dans le nautisme.

Quelles sont les innovations que le chantier a apportées ?

Avec 50 ans d'histoire et plus de 120 modèles produits depuis 1964, le chantier Dufour a traversé toutes les évolutions et les tendances de ces dernières années et a su s'adapter aux besoins du marché. L'ère Michel Dufour, avec ses voiliers innovants aux caractéristiques purement marines, a épaté les navigateurs par leurs innovations fonctionnelles, telles que des cuisines entièrement équipées et des cabines indépendantes. Le chantier s'est ensuite lancé dans le développement d'une gamme de voiliers performants, aux coques en aluminium. Il en a résulté un grand progrès sur les lignes de coques ainsi que sur l'optimisation des charges et de l'accastillage.

À partir des années quatre-vingt, le chantier lance la gamme Dufour Prestige avec ses yachts d'exception aux intérieurs luxueux.

La gamme Classic lancée dans les années quatre-vingt a su combiner tout le savoir-faire acquis dans le passé.

Au milieu des années deux mille, le début de la collaboration avec l'architecte Umberto Felci a apporté un nouvel axe de développement. En complément des priorités de développement jusque-là concentrées sur l'ergonomie et les qualités marines des modèles vient s'ajouter l'attention apportée à la notion esthétique des modèles, soit une grande évolution dans les recherches de style de design.

Les autres bateaux

1965
1975

▸ 1966

Edel 2
Un concurrent direct du *Corsaire*, mais en polyester. Il a été diffusé à 2 100 exemplaires.

Armagnac
Grand frère du *Cognac* et du *Muscadet*, il offre des qualités marines exceptionnelles dans la grosse brise.

Super Challenger
Ou *Super Cha* pour les intimes, qui connaissent le potentiel incroyable de ce modèle, construit en bois ou en polyester.

▸ 1967

590
Très populaire sur le Bassin d'Arcachon, c'est un gros *420* – même architecte – avec une cabine.

Joshua
Le mythique voilier de Bernard Moitessier est devenu un voilier de série diffusé à 70 exemplaires.

▸ 1968

Centurion
Le best-seller du chantier Wauquiez. L'*Optio*, luxueux et tout récent day-boat, lui rend hommage.

Ghibli
Son design est délicieusement vintage aujourd'hui ! Un petit classique, diffusé à 600 exemplaires tout de même.

▸ 1969

Calife
Tout rond et confortable, il cache bien son jeu et marche bien... Il a fini sa carrière sous le vocable *Jouët 23*.

▸ 1970

Baroudeur
Il ne manque pas d'allure avec sa delphinière ! Sa carène inspirée des bateaux de pêche a fait ses preuves.

Love Love
Pont à teugue, gréement en tête et bonnes qualités marines à un prix très serré.

▸ 1971

Edel 4
L'un des plus gros transportables de l'époque. Il bénéficie d'un pavillon relevable très astucieux.

Tequila
Une belle carène signée Philippe Harlé et une version Sport qui marche très fort.

▸ 1972

Arcachonnais
Un pêche-promenade rustique et efficace. Il a été décliné sans gréement.

Rêve de Mer
Le plus petit frère de l'*Écume* se caractérise par des flancs tulipés et son étrave à guibre.

▸ 1973

Aloa 29
Son hublot rond à l'arrière trahit une cabine arrière. Inédit à l'époque.

Évasion 32
Look classique pour ce ketch confortable, premier de la gamme *Évasion*.

▸ 1974

Edel 5
Plus populaire encore que l'*Edel 2*, le *5* fut l'archétype du petit croiseur économique.

Etap 22
C'est le premier voilier du constructeur Belge Etap. Insubmersible et robuste, il a été diffusé avec une quille fixe ou relevable.

▸ 1975

Zoufri
Ce plan Sylvestre Langevin ose la formule du dériveur intégral. Solidement construit en aluminium, c'est un excellent baroudeur élu Bateau de l'année.

Edel 6
Pont flush et pavillon relevable pour la hauteur sous barrots, ce petit croiseur reste séduisant. Lui aussi a été élu Bateau de l'année.

Kelt 620
C'est le premier modèle du chantier Kelt Marine... et aussi son plus gros succès. Jusqu'à la sortie du *First 210*, c'était le plus petit croiseur homologué en 3e catégorie.

1976 -

1985

1976

Pen Duick 600

La tentation de la production industrielle

Cinq tôles pour un voilier

Le process industriel imaginé pour la construction du *Pen Duick 600* est inédit dans l'histoire de la plaisance : assembler une coque complète à partir de cinq simples tôles d'aluminium – dont la plupart sont développables – est une sacrée trouvaille. Dommage que la carène ait quelque peu pâti de ce cahier des charges.

Comparez le marché automobile et celui des croiseurs côtiers : plus de cinq millions de *205* construites – et la *206* a fait mieux – contre 2 156 *Sangria*, un des voiliers en polyester les plus diffusés en France au milieu des années soixante-dix... **Il devient donc urgent de s'inspirer des recettes de l'industrialisation pour faciliter la construction, gagner du temps, et baisser les prix**. C'est le défi que lance le chantier Le Guen et Hémidy, épaulé par l'architecte Dominique Presles. Aux manettes de ce projet ambitieux, d'ailleurs soutenu par une campagne de communication et de publicité massive, Éric Tabarly et Gérard Petitpas, le fidèle lieutenant du célèbre navigateur. Le petit quillard de six mètres répond à un cahier des charges draconien : il doit être marin, très costaud, tout en restant accessible. Un *Pen Duick* pour tous ! **Et c'est là que le chantier sort les grands moyens : d'abord en optant pour l'aluminium alors que tous les autres constructeurs ont opté pour le polyester, pour les petites unités s'entend, ensuite en adoptant un mode de construction inédit. Le *Pen Duick 600* est en effet constitué de cinq tronçons**. Le principe est d'utiliser au maximum de simples tôles ployées : étrave, poupe, tableau arrière et pont sont donc développables, tandis que la partie centrale du bateau réclame un vrai travail de chaudronnerie. Cet assemblage se traduit par des lignes d'eau très pincées à l'avant, une carène toute ronde et un maître bau très reculé inédit. Autant de caractéristiques qui ne favorisent pas la raideur à la toile, d'autant que le lest n'est pas profond et surtout pas très lourd – 225 kg pour un déplacement lège de 700 kg. Il est donc indispensable de pratiquer un rappel énergique : mieux vaut, par bonne brise, être trois solides gaillards sur les hiloires (très confortables !) du cockpit à un seul étage que tout seul à

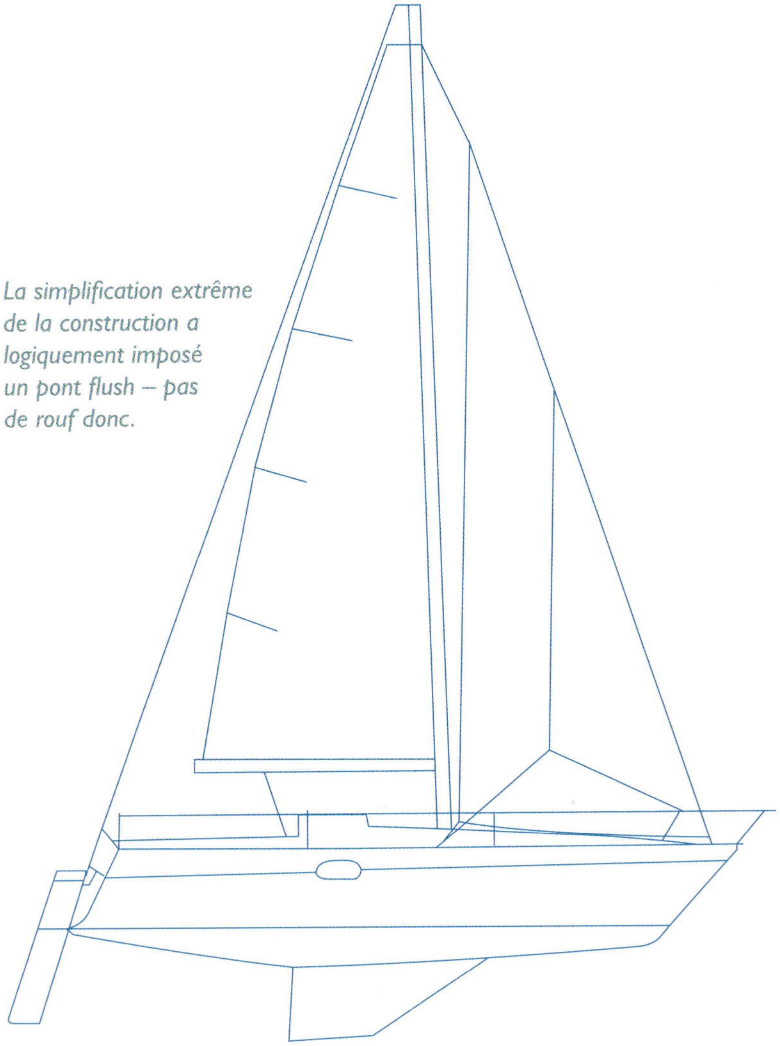

La simplification extrême de la construction a logiquement imposé un pont flush – pas de rouf donc.

Caractéristiques du *Pen Duick 600*

- Constructeur: Le Guen & Hémidy
- 350 exemplaires de 1976 à 1979
- Matériau: aluminium
- Architecte: Dominique Presles
- Longueur de coque: 6,00 m
- Largeur: 2,25 m
- Déplacement: 700 kg
- Lest: 225 kg
- Tirant d'eau: 0,90 m
- Surface de voile: 18,00 m^2
- Surface de grand-voile: 7,50 m^2
- Surface de génois: 10,50 m^2
- Moteur: hors-bord 4 à 8 ch

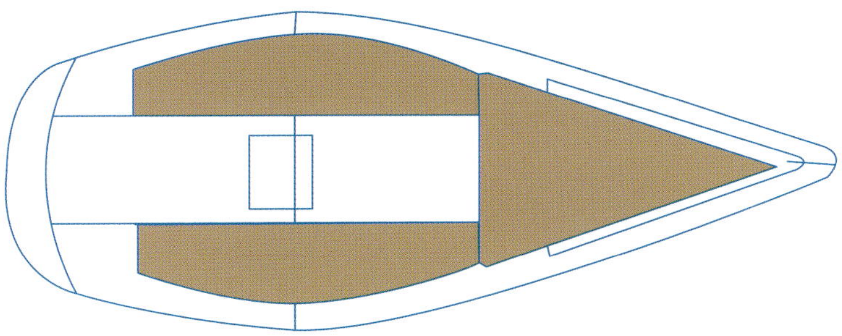

La carène très pincée à l'avant offre un passage dans le clapot d'une exceptionnelle aisance.

la barre... Bonne surprise: le *Pen Duick 600* passe en revanche très bien le clapot et se révèle plaisant et vif par petit temps. Le pont tout plat facilite la circulation. Les emménagements sont rustiques, avec seulement 1,27 m de hauteur sous barrots, quatre couchages, une petite table et un bloc cuisine qui coulisse sous le cockpit. **Un voilier dont la démarche industrielle reste originale**. Il aurait été bien plus convaincant encore avec une bonne centaine de kilos de lest dans la quille!

Neptune 99

Carré arrière et un mètre de tirant d'eau

Le morceau de choix du Neptune 99, c'est ce grand carré arrière capable d'accueillir 8 à 10 personnes !

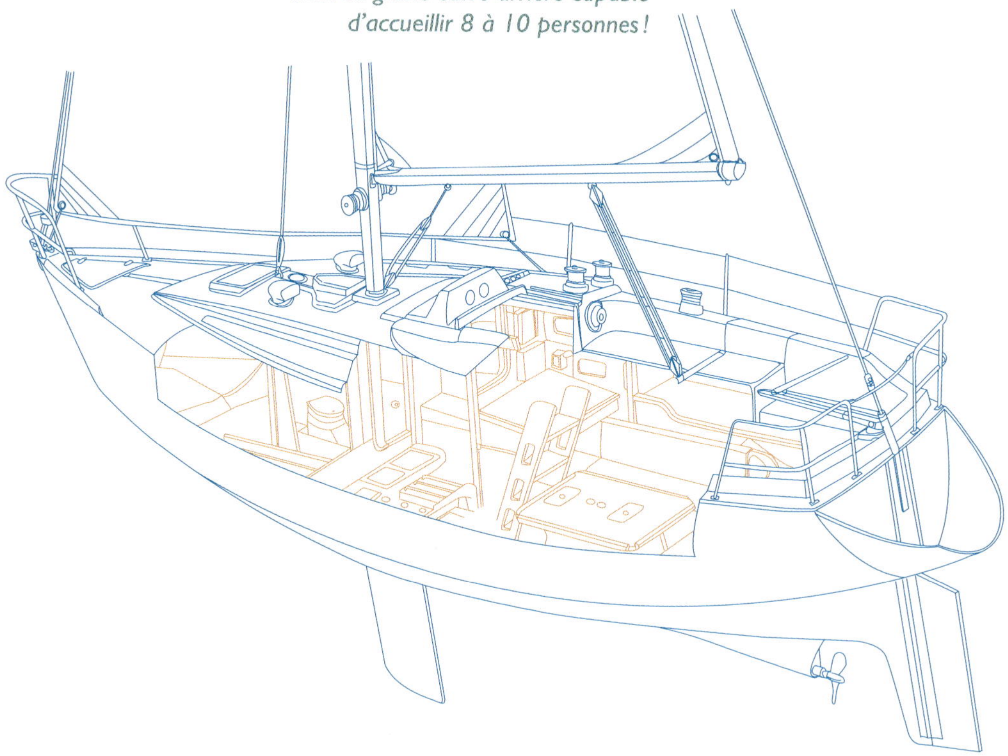

Appendices et emménagements inédits

Le *Neptune 99* est un des tout premiers dériveurs intégraux en polyester – on a encore du mal à se défaire d'une quille ou d'un saumon pendant les années soixante-dix – et son carré arrière est pratiquement inédit à bord d'une unité de 10 m. Une formule qui sera souvent adoptée par la suite.

Les dériveurs intégraux, surtout supérieurs à 30 pieds, que nous connaissons aujourd'hui n'ont pas toujours existé ! Si le *Zoufri*, apparu en 1975, présentait une carène profonde mais des fonds plats tout de même, d'autres modèles comme les *Pearson* américains adoptaient des coques très profondes à retour de galbord. **L'idée est de descendre le lest au maximum tout en limitant le tirant d'eau.** En gros, il s'agit de voiliers à quille longue rabotée auxquels on adjoint une dérive et un safran.

C'est ce concept hybride qu'a également retenu Daniel Tortarolo pour son *Neptune 99*. Bilan, ce voilier de dix mètres est bien capable de se poser sur le sable ou une cale dans un mètre d'eau. Mais l'étroitesse de la semelle d'échouage impose un sol bien plat et uniformément ferme ; le bateau peut se coucher sur le flanc sinon… Un problème qui peut être résolu par une bonne paire de béquilles. Si les appendices ont eux aussi été prévus pour l'échouage et optimisés pour les bonnes performances au près, ils restent fragiles : la dérive sabre n'apprécie pas les talonnages et le safran complètement déporté à l'extérieur du tableau arrière est très exposé aux chocs, contre un quai par exemple.

De nombreux *Neptune 99* se sont dotés astucieusement d'une jupe arrière pour assurer une bonne protection à la pelle… et bien sûr profiter d'une plate-forme pour la baignade et pour grimper dans l'annexe. Sous voiles, le *99* fait bonne figure. Il apprécie plus particulièrement le louvoyage et se caractérise par une stabilité de route incroyable : voilà un bateau sur lequel il est possible de lâcher la barre et qui poursuit sa route tout droit ! En revanche, au port, il rechigne parfois à virer très court, on ne peut pas tout avoir. **La seconde innovation majeure qu'apporte le *Neptune 99*, c'est le carré arrière.**

Bordé par trois couchettes, il occupe toute la largeur de la coque ; ce sont donc huit à dix convives qui peuvent s'y installer ! Cuisine et table à cartes se tiennent de part et d'autre de la descente. En progressant vers l'étrave, on découvre deux couchettes de mer. Le puits de dérive forme une coursive : d'un côté le cabinet de toilette, de l'autre un passage vers la cabine double avant. Ces emménagements se révèlent particulièrement adaptés à la vie en mer. Dommage que la finition, tout comme certains éléments comme le sandwich du pont et le pied de mât ne soient pas à la hauteur de ce séduisant voilier de voyage. Sur le pont, l'architecte a bien du composer avec le carré arrière et le cockpit est du coup agencé sur deux niveaux : le barreur « reste » en bas, les équipiers en haut, plus exposés aux embruns. **Au final, un voilier de 10 m on ne peut plus innovant en 1978 !**

Caractéristiques du *Neptune* 99

- Chantier : SMAP, Neptune
- 85 exemplaires de 1977 à 1987
- Matériau : polyester
- Architecte : Daniel Tortarolo
- Longueur de coque : 9,99 m
- Longueur à la flottaison : 8,60 m
- Largeur : 3,53 m
- Tirant d'eau : 1,00/1,96 m
- Poids lège : 5,00 t
- Lest : 2,20 t
- Surface de grand-voile : 24,70 m^2
- Surface de génois : 42,00 m^2
- Moteur : IB 23 ou 25 ch Diesel

1978

Jouët 680

La tentation du dériveur

Enfin un croiseur qui échoue à plat

Encore un architecte qui sort des sentiers battus à l'occasion de son premier dessin ou presque. Le *Jouët 680* est en effet est des tout premiers croiseurs à assumer son statut de dériveur intégral, avec des fonds plats et un lest très conséquent en fond de coque.

Discret et surtout pas bling-bling pour deux sous, le *Jouët 680* n'a jamais nourri de folles ambitions régatières. Son truc, c'est de musarder sur les bancs de sable en famille. Normal, le chantier Yachting France est basé à La Teste de Buch, sur le Bassin d'Arcachon... et là-bas, des endroits pour s'échouer, des ports et des chenaux peu profonds, il y en a partout ! C'est ainsi que s'est imposée la configuration dériveur intégral – même si le chantier a prévu également une classique version quillard.

Yachting France, qui vient de décider de lancer une nouvelle gamme (on passe des 18, 24, 26 et autres 32 à un marquage métrique), s'intéresse à de jeunes architectes. À juste titre : on a bien constaté que c'est souvent ces jeunes talents qui dessinent, sans doute décomplexés, les voiliers les plus innovants. Avec Jean Berret, spécialiste des voiliers de jauge IOR, un cahier des charges très précis dresse le portrait d'un voilier familial adapté aux contraintes locales. Le bateau doit être raide à la toile, facile à mener et s'échouer sans dommage et sans béquilles ! Étrave inclinée, entrées d'eau rondes mais fines s'élargissant rapidement pour une forte largeur à la flottaison et voûte peu volumineuse, l'architecte a tenté de concilier les recettes de la régate de l'époque avec une stabilité de formes maximale. Du coup, la surface mouillée est contenue, une caractéristique favorable à la vitesse par petit temps. **Mais contrairement à la plupart des dériveurs intégraux existants, le *680* contient son lest à l'intérieur de la coque. Jean Berret a préféré des fonds plats pour assurer un échouage stable, c'est une première, partagée avec le *Kelt 550* de Gilles Ollier la même année.** En revanche, pour le lest, l'architecte n'a pas mégoté : 570 kg de fonte dans les fonds

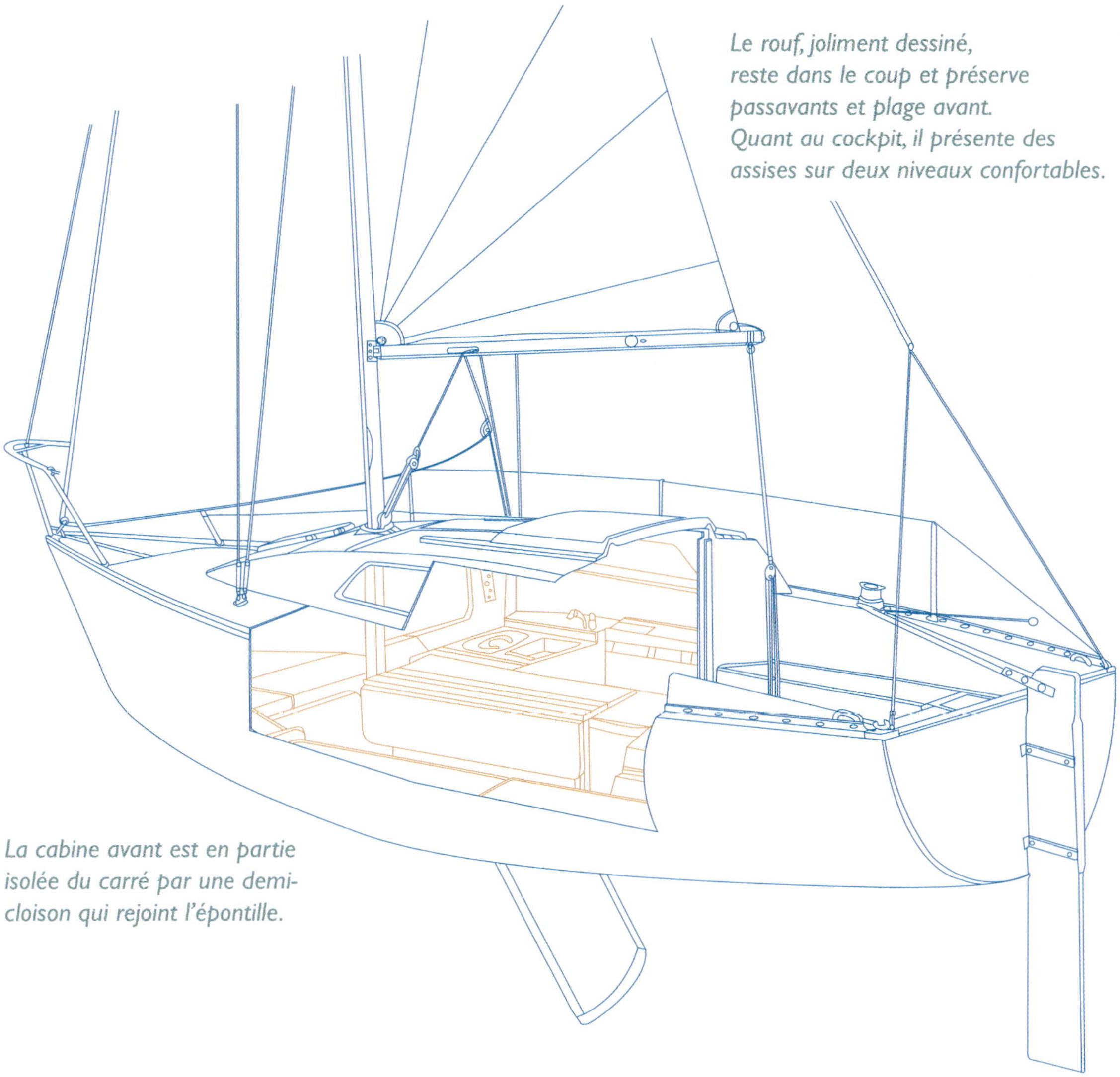

Le rouf, joliment dessiné, reste dans le coup et préserve passavants et plage avant. Quant au cockpit, il présente des assises sur deux niveaux confortables.

La cabine avant est en partie isolée du carré par une demi-cloison qui rejoint l'épontille.

Caractéristiques du *Jouët 680*

- Chantier: Yachting France
- 426 exemplaires de 1978 à 1984
- Matériau: polyester
- Architecte: Jean Berret
- Longueur de coque: 6,56 m
- Longueur à la flottaison: 6,01 m
- Largeur: 2,42 m
- Tirant d'eau: 0,30/1,35 ou 1,10 m
- Poids lège dériveur: 1 400 kg
- Lest: 635 kg
- Surface de voile: 25,00 m^2
- Grand-voile: 12,20 m^2
- Génois: 12,80 m^2
- Moteur: HB 6 à 10 ch ou IB 7,5 ch Diesel

et une dérive de 75 kg, soit un rapport de lest de 46 %. Bien plus que les petits dériveurs modernes comme le *Sun 2 000* ou le *Djinn 7* (respectivement 30 et 26 % !). Du coup, le *Jouët 680* étale bien la brise au près. Son comportement est finalement très proche d'un croiseur à quille fixe. À tel point que la version quillard, lancée peu après le dériveur, ne fait pas mieux que lui et affiche le même rating en Handicap National.
Toujours doux à la barre, aisé à manœuvrer – le plan de pont, simple et dépouillé, offre un vaste cockpit et un accastillage suffisant pour gérer les voiles de faibles surfaces – le *680* est un petit croiseur toujours aussi fringant et séduisant. Ses emménagements offrent une belle cabine volumineuse, avec 1,46 m de hauteur sous barrots, un bloc cuisine, quatre couchettes et une grande table de 1,45 x 0,74 m. Bien des voiliers récents de sept mètres n'en donnent pas autant !
La série a connu un vif succès mérité. Jusqu'en 1984, deux ans avant la fermeture du chantier, 426 exemplaires sont construits. Une grande majorité sont des dériveurs... basés sur le bassin. Une impressionnante flotte de 200 ou 300 modèles sur le même plan d'eau ! **Les *680*, près de quarante ans après le lancement de la série, se croisent toujours au Banc d'Arguin et à l'île aux Oiseaux.**

1979

First 18

Il a tout d'un grand

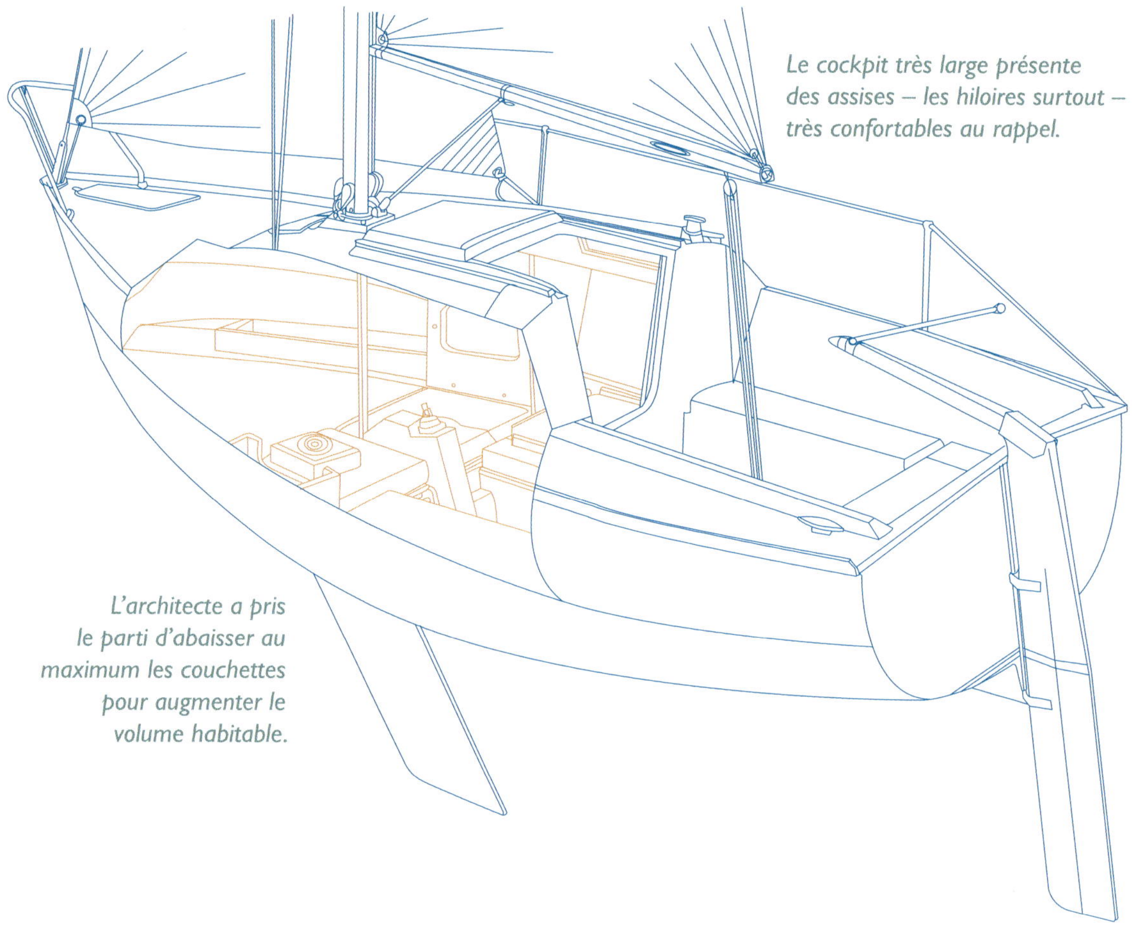

Le cockpit très large présente des assises – les hiloires surtout – très confortables au rappel.

L'architecte a pris le parti d'abaisser au maximum les couchettes pour augmenter le volume habitable.

Le même traitement qu'un croiseur de deux mètres de plus

Alors qu'un produit d'entrée de gamme est le plus souvent synonyme d'économies en tout genre – design approximatif, matériau de qualité médiocre, finition légère –, le *First 18* a été étudié avec le même soin que ses grands frères. Il n'en est que plus séduisant aujourd'hui !

Le *18* est le plus petit des *First*. Et pourtant... Prévoyez une sortie par 6 Beaufort établi, endraillez le tourmentin – tellement plus efficace qu'un génois sur enrouleur réduit à 70 % –, prenez deux ris, et allez-y, tirez vos premiers bords. Ce rude louvoyage contre un clapot escarpé sera certainement une surprise : le *18* remonte encore au vent sous voiles alors que nombre de croiseurs plus grands jettent l'éponge et font route au moteur... Certes, l'équipage sera copieusement rincé par les paquets de mer car le fardage reste bien bas sur un croiseur de 5,50 m, mais le *First 18* tient le coup, passe le clapot en souplesse et ne se vautre pas sous les rafales. À la barre, vous conservez le contrôle de la carène.

Vous revenez au portant ? Le plan Finot est capable de belles accélérations à plus de 12 nœuds grâce à ses formes arrière, larges et plates. Les plus téméraires, sous spi, se griseront de planning... **Le *First 18* est donc, et c'est bien sa principale qualité, un des rares voiliers de moins de six mètres capable d'affronter des conditions musclées. Centre de gravité plus bas que les autres Microcuppers** (la fameuse jauge imaginée par la revue *Bateaux* en 1977), **stabilité de forme et déplacement supérieurs expliquent ce comportement inédit pour un voilier si petit.** Aujourd'hui, l'*Aviateur 570* d'Éric Henseval présente un comportement similaire.

Le *First 18* est sans aucun doute le croiseur minimum pour s'aventurer un peu au large ; un tour de la Méditerranée est à sa portée. Deux balcons arrière, un pilote, un panneau solaire, des lignes de vie, quelques rangements supplémentaires à l'intérieur, un radeau de survie, un accastillage modernisé, un moteur et des voiles révisés : votre croiseur est prêt à quitter quelques mois son port d'attache. Mais seul ou à deux... Logiquement, ces caractéristiques se traduisent par un petit bémol par petit temps. Face à des Neptune 550 ou Microsail, pour ne citer qu'eux, il est moins nerveux. À noter également : la version quillard, avec son tirant d'eau limité à 78 cm, est moins véloce au près que le *18* équipé d'une quille pivotante. Baissée, elle cale en effet 1,10 m. Pour ne rien gâter, il conserve un look sympa qui ne trahit pas son âge. **Le petit *First* a même, avec son cockpit très large, son gréement fractionné qui fait la part belle à la grand-voile, son rouf en sifflet et sa carène planante tous les attributs ou presque du croiseur d'aujourd'hui – ne lui manque que l'étrave droite**. Décidément un très bon cru que ce plan Finot : il est costaud et vieillit bien. À l'intérieur, les quatre couchettes profitent de la largeur de la carène pour descendre au maximum les quatre couchettes. La position assise est certes moins confortable – on a un peu les genoux dans la figure –, mais le volume gagné est spectaculaire. En dépit de la hauteur sous barrots limitée à 1,35 m, une fois encore, on a l'impression d'être à bord d'un voilier sensiblement plus grand. La finition a été particulièrement soignée avec des élégants panneaux en bois sous le pont et des vaigrages textiles sur les bordés. Les fonds, entièrement contre-moulés, gagnent en rigidité et offrent un aspect très net à l'ensemble. Une table articulée, dédiée selon les besoins à la navigation ou aux repas, a été prévue par le chantier, de même qu'un petit réchaud.

Caractéristiques du *First 18*

- Chantier : Bénéteau
- 1 065 exemplaires de 1979 à 1983
- Matériau : polyester
- Architecte : Groupe Finot
- Longueur coque : 5,50 m
- Longueur flottaison : 5,05 m
- Largeur : 2,35 m
- Tirant d'eau quille pivotante : 0,55/1,10 m
- Tirant d'eau quillard : 0,78 m
- Poids lège : 600 kg
- Lest : 180 kg
- Surface de voile : 18,20 m^2
- Grand-voile : 10,70 m^2
- Génois : 7,50 m^2
- Moteur : hors-bord 3 à 6 ch

CE QU'EN DISENT LES CONSTRUCTEURS

Hervé Piveteau

Responsable développement produits *Sun Odyssey* et *Sun Fast* chez Jeanneau

Voilà un concepteur de voiliers qui sait vraiment naviguer ! En 2007, âgé de 30 ans (il est alors chef de projet chez Jeanneau), il remporte la Mini 6,50 en catégorie série. Et il a l'honnêteté de déclarer qu'il n'a pris pratiquement aucun plaisir lors de cette traversée, si éprouvante à bord d'un coursier si petit, sinon l'arrivée victorieuse à Salvador de Bahia ! Un pro de la voile pragmatique.

Quelles sont les principales innovations dans les voiliers depuis 50 ans ?

Tout d'abord l'augmentation du volume et du confort, la facilité d'utilisation, l'augmentation des performances et des qualités marines. Parmi les facteurs qui ont conduit ces évolutions, certaines grandes étapes d'innovation architecturale comme la dissociation des quilles et des safrans, l'élargissement et l'allégement des bateaux, l'utilisation de la stabilité de formes, la capacité de sortir des contraintes archimédiennes (planning, puis vol sur foils), et la simplification des plans de voilure pour un usage toujours plus facile.

Autre grande évolution : les progrès de l'électronique : positionnement par GPS (sécurité) et pilotes automatiques (facilité de manœuvres).

Quelles sont les innovations que le chantier Jeanneau a apportées ?

Notre rôle est de donner au grand public l'accès à des solutions jusqu'alors réservées aux bateaux de luxe, ou aux bateaux de course.

On peut citer l'accastillage, le confort intérieur, les évolutions architecturales comme les double safrans, les bouchains, Jeanneau a aussi historiquement participé fortement à la démocratisation de la voile, grâce à l'arrivée et aux progrès du polyester.
Jeanneau est une marque qui se veut innovante sans être avant-gardiste : notre position est de chercher l'innovation, à chaque fois que celle-ci se traduit par des bateaux plus sécurisants, accessibles et marins.

Intérieur du Sun Odyssey. *Voir pages 164 à 167.*

Un parfait exemple est l'arrivée des ponts en injection : Jeanneau a toujours été précurseur dans cette technologie, qui permet de construire des ponts plus légers, et donc d'abaisser le centre de gravité de nos voiliers pour de meilleures qualités nautiques.

Carènes de coursier, dériveurs et cabine arrière

1980

Au milieu des années soixante-dix, la jauge IOR fait la loi et tous les architectes ou presque tentent d'imposer des prototypes pour décrocher une victoire en half ou quarter ton cup. Les chantiers suivent ces résultats de près et n'hésitent pas à reprendre une carène auréolée de succès pour la transformer en croiseur.

Ces croiseurs, qui fleurissent dans les années quatre-vingt, tentent de répondre à un cahier des charges bien exigeant : rester performants en régate, offrir un réel confort en croisière, et enfin conserver des qualités marines rassurantes... Nous voilà dans une problématique proche du mouton à cinq pattes. Quelle automobile est capable d'enchaîner avec brio un rallye sur route humide, des courts trajets en ville et une longue virée d'été en famille ? À cet exercice, certains modèles s'en sortent plutôt bien, d'autres montrent leurs limites assez vite.

Deuxième tendance notable, qui émerge dès 1975 : l'intérêt pour le dériveur intégral. On découvre la formule avec le *Zoufri* et le *Neptune 99* – carré arrière en prime. Les architectes et les chantiers, peu à l'aise à l'idée de remonter le centre de gravité de leurs voiliers, conservent le lest le plus bas possible, quitte à déformer la carène. Du coup, l'échouage n'est pas des plus stables... C'est le *Jouët 680*, lancé en 1978, qui popularise la formule et impose des vrais fonds plats. À noter son rapport de lest, encore très important.

Du côté des emménagements, enfin, les bureaux d'études se creusent la tête pour placer des couchages. On est à l'heure du charter : des unités de 12 mètres sont couramment équipées d'une dizaine de couchages. Si les plus grands voiliers accueillent depuis longtemps des cabines arrière, c'est Philippe Harlé qui proposera le premier, à bord de son *Fantasia*, un couchage pour deux sous le cockpit d'un voilier de moins de huit mètres. La formule a fait flores !

Le Zoufri *illustre bien l'intérêt pour le dériveur intégral.*

1980

Dufour T7

Deux cabines dans un sept mètres

Révolutionnaire !

Dériveur intégral, appendice auto-orientable, deux cabines, moteur en puits, foc autovireur… la liste des trouvailles est longue. Indépendamment, toutes ces caractéristiques sont déjà (un peu) connues, mais les rassembler, qui plus est sur un voilier de série, est inédit.

En 1980, le *Dufour T7* fait figure de petit révolutionnaire aux côtés de ses grands frères très classiques *1800* et *2800*, mais aussi en compagnie des autres croiseurs de série.

Ce dériveur intégral ne fait en effet rien comme les autres. Il a d'ailleurs démarré sa carrière par une Mini Transat, histoire de valider le concept... Un succès sur toute la ligne : Daniel Gilard, encore lui, emmène son *Petit Dauphin*, le prototype de la série, sur la troisième marche du podium. **Le public est donc facilement convaincu de la fiabilité et de la robustesse de ce petit voilier, mais aussi des qualités marines de ce bateau sans quille.**

Le *T7* de série accumule de nombreuses trouvailles comme cette cabine arrière et ses deux couchettes. Autonome, elle dispose de sa propre descente. Du coup, le cockpit est central... Il profite donc de la largeur maximum de la coque et l'équipage qui y prend place est parfaitement centré. La cabine principale est de fait raccourcie comparée à celle d'un croiseur de même gabarit. Mais le carré avancé peut se transformer en couchette double et le chantier a tout de même prévu, de part et d'autre de la descente, une petite cuisine et une table à cartes. L'architecte Jean-Louis Noir avait prévu une dérive auto-orientable. Le but de cet appendice qui s'angule sous la simple pression de l'eau est d'améliorer la remontée au vent. Mais le chantier a connu des difficultés de mise au point et a finalement opté pour une dérive pivotante classique. Au portant, la relever permet de gagner quelques dixièmes de nœud. Et dans la brise, le bateau peut partir au planning un peu plus rapidement, ne boudez pas ce plaisir ! Le foc autovireur est bien adapté à la navigation par bonne brise et au solitaire.

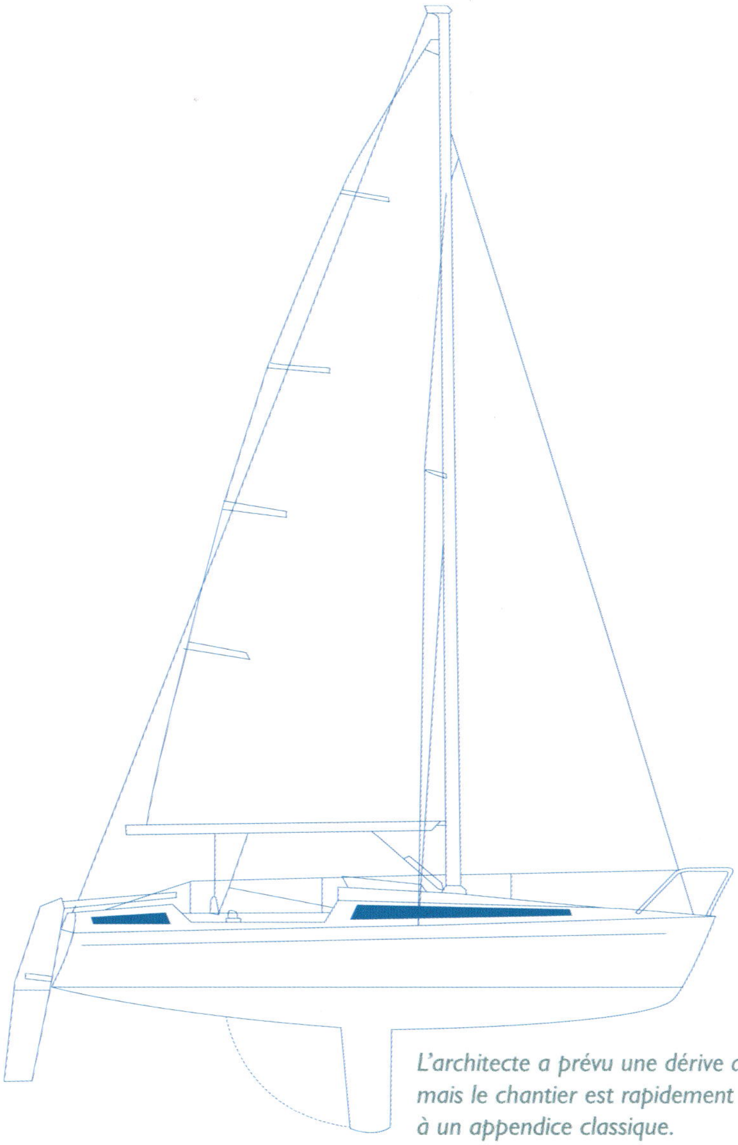

L'architecte a prévu une dérive auto-orientable, mais le chantier est rapidement revenu à un appendice classique.

Caractéristiques du *Dufour T7*

- Chantier : Dufour
- 300 exemplaires de 1980 à 1982
- Matériau : polyester
- Architecte : Jean-Louis Noir
- Chantier : Dufour
- Longueur de coque : 6,72 m
- Longueur à la flottaison : 6,22 m
- Largeur : 2,50 m
- Tirant d'eau : 0,30/1,30 m
- Déplacement lège : 1 250 kg
- Lest : 500 kg
- Surface de voile : 28,30 m^2
- Moteur : hors-bord 6 à 10 ch

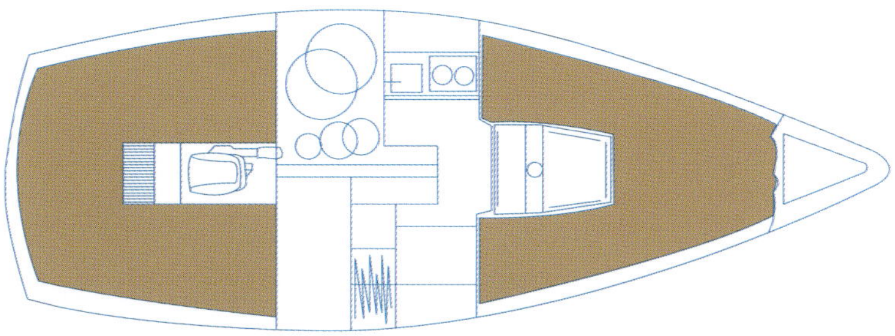

La cabine arrière abrite une banquette en U pour deux dormeurs.

La cabine principale est logiquement relativement courte, mais parvient à rassembler un carré convertible en couchette double, une kitchenette et une table à cartes.

Mais le rail devant de mât ne sert à rien si le bateau est équipé d'un enrouleur de génois. Dans ce cas, mieux vaut précisément s'équiper d'un grand génois à recouvrement, lequel donne de précieux mètres carrés bien utiles par petit temps. La surface mouillée est en effet relativement importante, ce qui pénalise dans ces conditions le *T7*.

Le plan de pont, pratiquement flush, autorise des déplacements fluides vers la plage avant, un plus à l'heure du mouillage ou de l'empannage sous spi. Jean-Louis Noir a également étudié un puits pour le moteur, lequel peut se remonter. Mais dans cette position, il devient très encombrant dans le cockpit, en navigation et à l'échouage. Certains propriétaires n'ont pas hésité à monter une chaise sur le tableau. C'est bien plus pratique, même si les commandes moteur sont loin du barreur. Mais au large, quelle importance ?

1981

Fantasia

La cabine arrière, c'est lui !

Un plan d'emménagements inédit

En assumant un arrière large, un cockpit sensiblement rehaussé et un franc-bord généreux, Philippe Harlé est parvenu à caser une cabine arrière sous le cockpit. Un standard repris aussitôt par… tous les autres architectes et chantiers ou presque. Et toujours d'actualité aujourd'hui.

En 1981, Jeanneau frappe un grand coup avec son *Fantasia* : pensez donc, une cabine arrière dans un voilier de moins de 8 m ! Un concept aussitôt suivi par Yachting France, avec le *Jouët 760*. Embarras pour Bénéteau, qui vient de sortir son *First 25* avec emménagements classiques, c'est-à-dire sans la fameuse cabine arrière. Ce n'est donc qu'en 1984 que le constructeur de Saint Gilles Croix de Vie décide de relooker son *25*. Devenu *26*, il adopte enfin le couchage double sous le cockpit…

Le *Fantasia* est donc un précurseur – et plus particulièrement son architecte Philipe Harlé. Il fallait en effet oser, au tout début des années quatre-vingt, présenter un voilier à large tableau arrière et franc-bord nettement supérieur au standard de l'époque. Certes, le couchage est encore étroit aux pieds, mais il est bien possible d'y dormir à deux. Au pied de la descente, une cuisine en L à bâbord et une confortable table à carte face à la route. Un détail ? Non, car le rouf très court est équipé d'un hublot frontal, de telle sorte que tout le plan d'eau est visible de l'intérieur. Le navigateur profite donc de repères visuels, pas que des informations de sa carte, électronique ou papier. Juste derrière, le chantier a logé un cabinet de toilette. Le carré est classique, symétrique autour d'une table à abattants, suivi d'une seconde cabine double. Le plan de pont est très agréable, en navigation comme au mouillage, grâce à la plage avant qui s'étend jusqu'au pied de mât – encore une signature de Philippe Harlé. Le cockpit, de son côté, ne souffre pas de la présence de la cabine arrière. Certes, il est rehaussé et donc assure une protection moindre que des banquettes classiques plus profondes. Mais les assises sont confortables, même au rappel.

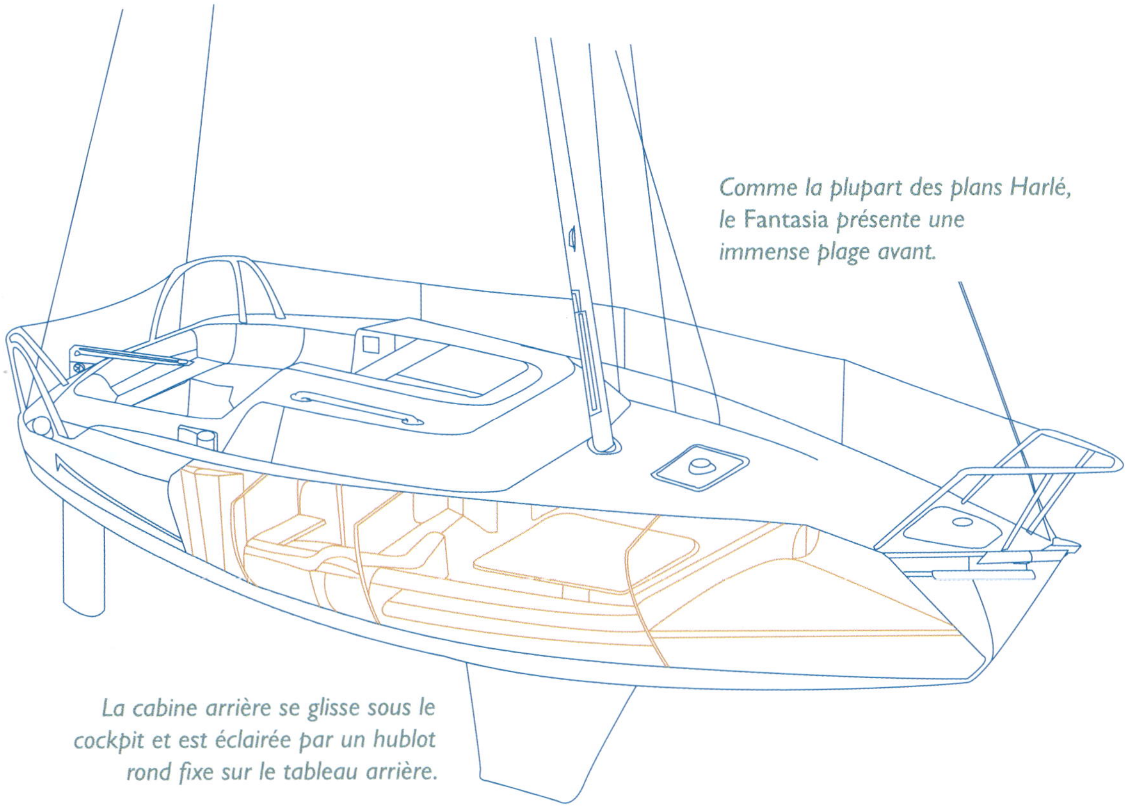

Comme la plupart des plans Harlé, le Fantasia présente une immense plage avant.

La cabine arrière se glisse sous le cockpit et est éclairée par un hublot rond fixe sur le tableau arrière.

Caractéristiques du *Fantasia*

- Chantier: Jeanneau
- 1 743 exemplaires de 1981 à 1991
- Matériau: polyester
- Architectes: Philippe Harlé
- Longueur de coque: 7,70 m
- Longueur à la flottaison: 6,56 m
- Largeur: 2,88 m
- Tirant d'eau quillard: 1,50 m
- Tirant d'eau dériveur lesté: 0,81/1,72 m
- Tirant d'eau biquille: 1,05 m
- Déplacement lège: 2 250 kg
- Lest: 750 kg
- Surface de voile: 28,30 m²
- Moteur: hors-bord 6 à 10 ch

Et la bonne surprise du *Fantasia*, c'est son comportement sous voiles. Sous des airs très sages et sa carène ventrue, il reste une unité véloce. Certes, en dessous de 2 Beaufort, son déplacement relativement lourd le handicape un peu… mais dès que le vent rentre, le croiseur s'anime et allonge son sillage. Il devient même étonnant dans la grosse brise au louvoyage, conditions où il reste très longtemps capable de gagner au vent. Puissant, raide à la toile et équilibré, il étale sans broncher un coup de vent.

Vendu à près de 2 000 exemplaires, le *Fantasia* est l'un des plus gros succès de la plaisance. Il est resté dix ans au catalogue du chantier Jeanneau. Pendant des deux années de production, il a été rebaptisé *Sun Way 27*.

1982

First Class 8

Le monotype des années quatre-vingt et quatre-vingt-dix

Un régatier… non exclusif

Contrairement à la plupart des monotypes existants sur le marché au début des années quatre-vingt - *J 24* et *Surprise* forment le gros des troupes -, le *First Class 8*, avec sa quille pivotante et ses emménagements complets, ouvre les ports de la croisière côtière et facilite grandement les manutentions et le transport sur remorque.

Pour un grand chantier, fût-il l'un des leaders mondial, le lancement d'un monotype est toujours un sacré défi… Les régatiers sont méfiants et préfèrent naviguer sur un support éprouvé et largement diffusé plutôt que de se risquer à investir dans un nouveau bateau et découvrir des lignes de départ clairsemées, voire un programme de compétitions bien moins attrayant que celui dont ils profitaient jusqu'alors. **Le défi est relevé avec le *First Class 8* : son lancement en 1982 se traduit par un engouement immédiat.** Les pointures de la course au large n'hésitent pas à faire la leçon aux amateurs éclairés, suscitant un intérêt croissant pour la nouvelle série, et les clubs de voile jouent également le jeu, s'équipant de flottilles. Bénéteau a donc réussi son coup, comme il fera plus tard avec ses *Figaro*. En revanche, le grand chantier vendéen ne parviendra jamais à imposer de nouveau un petit monotype. Car si le *Class 8* a brillé jusqu'à la fin de sa production, à la fin des années quatre-vingt-dix, il n'est pas parvenu à s'inscrire durablement dans ce paysage des petits coursiers. Ces anciens rivaux, *Surprise et J 24*, ont repris la main, suivis par le *J 80*, le *Melges 24*, le *Grand Surprise*, le *Sprinto* et tout récemment le *J 70*…

Reste que le *First Class 8* présente une vision du croiseur habitable de régate particulièrement attrayante : contrairement à ces concurrents, il n'est pas dédié à 100 % aux compétitions entre trois bouées. Sa quille pivotante lui offre la possibilité d'échouer, facilite les opérations de mise à l'eau et le transport. Et ses emménagements, clairs et complets ne se résument donc pas à une simple soute à voiles. Les banquettes à gros boudins colorés du carré donnent le ton : ici, on peut vivre à bord quelques jours ! L'équipage profite également d'une couchette double à l'avant, d'une table

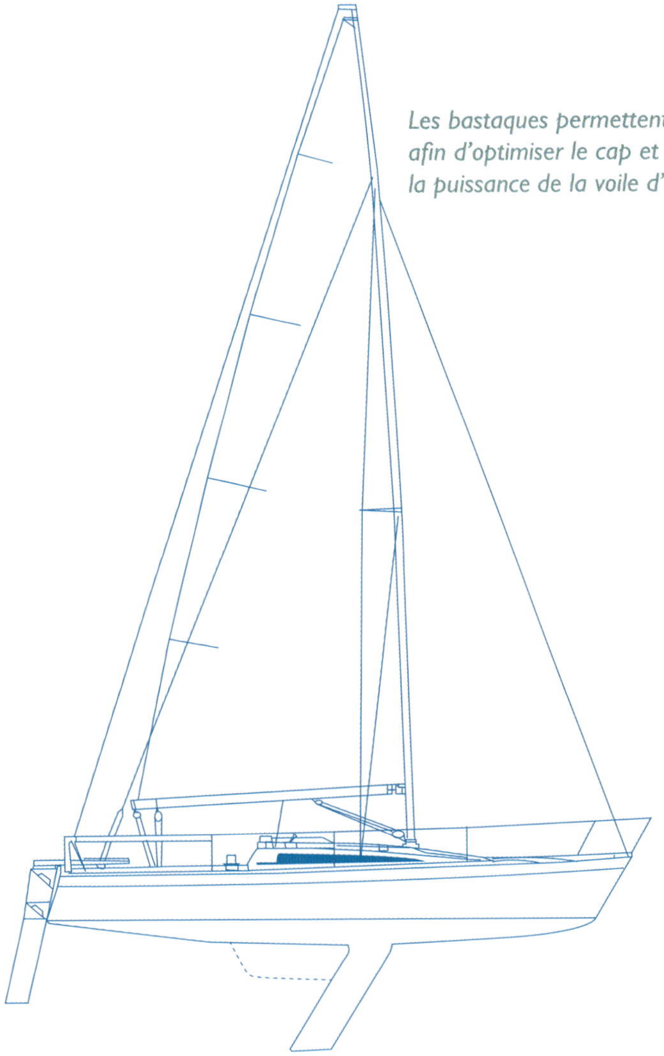

Les bastaques permettent de raidir l'étai afin d'optimiser le cap et de réguler la puissance de la voile d'avant.

Caractéristiques *First Class 8*

- Chantier: Bénéteau
- 969 exemplaires de 1982 à 1997
- Matériau: polyester
- Architectes: Groupe Finot et Jacques Fauroux
- Longueur de coque: 7,85 m
- Longueur à la flottaison: 7,10 m
- Largeur: 2,49 m
- Tirant d'eau: 0,70/1,75 m
- Déplacement lège: 1 300 kg
- Lest: 515 kg
- Surface de voile: 38,80 m²
- Grand-voile: 20,30 m²
- Génois: 18,50 m²
- Moteur: hors-bord 4 à 5 ch

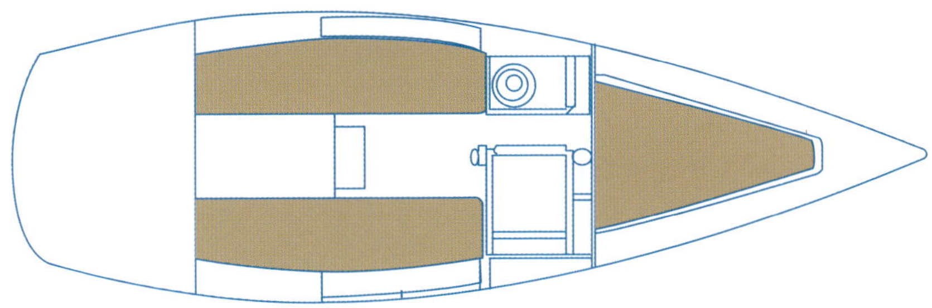

Les emménagements, avec une table multifonctions et un bloc cuisine, sont adaptés à la petite croisière.

à carte et d'un bloc cuisine. Et sur l'eau le *First Class 8*, plutôt léger et bien toilé – son ratio voilure/poids au près est de 29,85 m²/t, contre 23,3 pour le *Bi-Loup 78*, par exemple –, est particulièrement performant. Ça, c'est pour la théorie sur le papier, car dans la pratique le plan Finot/Fauroux est exigeant à mener. Il demande un incessant travail de réglage des voiles pour donner le meilleur, particulièrement au-dessus de 10 nœuds de vent où malgré ses cinq équipiers au rappel maximum, il est déjà en surpuissance. Qui sait faire marcher un *First Class 8* est un bon marin!

1983

Kelt 850

Une carène toujours dans le coup

Carène et ergonomie modernes

L'étrave épaisse des derniers *Mini 650* est déjà là. Et fini les cockpits étriqués ! Le *Kelt 850* étale enfin des larges bancs et des hiloires généreuses : en navigation, comme au mouillage, ça change tout… Et la jupe arrière, tellement plus conviviale et pratique qu'une austère échelle de bains, fait enfin son apparition.

Sur les pubs du magazine *Bateaux* en 1984, on pouvait lire « *solide comme un Kelt* ». On peut écrire, plus de 30 ans plus tard, que le chantier vannetais vantait à juste titre son modèle ; le 850 a en effet remarquablement bien vieilli. Mais pas que sur le plan structurel. **Ce voilier présente en effet une carène très actuelle. Elle est large, planante, et arbore une inédite étrave épaisse – un peu celle qu'on retrouve sur les *Mini 650* dernier cri**. Le principe est de gagner un peu de longueur et d'amortir le clapot. Le plan de pont est lui aussi très contemporain avec un large cockpit, des hiloires confortables et parfaitement inclinées. Et là où on compose le plus souvent avec des passavants étriqués et une plage avant minimaliste, le *850* reste cohérent avec son programme de croiseur : à son bord, la circulation est fluide et les surfaces généreuses. **Le *Kelt* est également un des premiers voiliers de moins de neuf mètres à offrir une vraie jupe arrière. Une vraie révolution, aussitôt déclinée chez la plupart de ses concurrents**. L'architecte Gilles Vaton, à qui on doit le fameux *Charles Heidsieck* paru trois ans plus tôt et skippé par Alain Gabbay, a dessiné deux lests. Le dériveur intégral, largement le plus diffusé, est lesté par une galette en fonte rapportée à l'extérieur. Deux ailerons stabilisateurs assurent la stabilité à l'échouage. Le safran, large et court, montre ses limites quand la gîte dépasse les 30°, le bateau a tendance alors à décrocher. Ce dériveur, handicapé par ses appendices et leur traînée, avec la dérive qui manque de surface et son déplacement relativement lourd, ne peut profiter pleinement des possibilités de sa carène. Le quillard, lui, en profite à plein… s'il reste un peu paresseux par petit temps, il marche très fort dans la brise. De nombreux régatiers, particulièrement les solitaires, ont bien pris la mesure de son potentiel. Et c'est encore vrai

La jupe arrière permet de se baigner dans de bonnes conditions au mouillage !

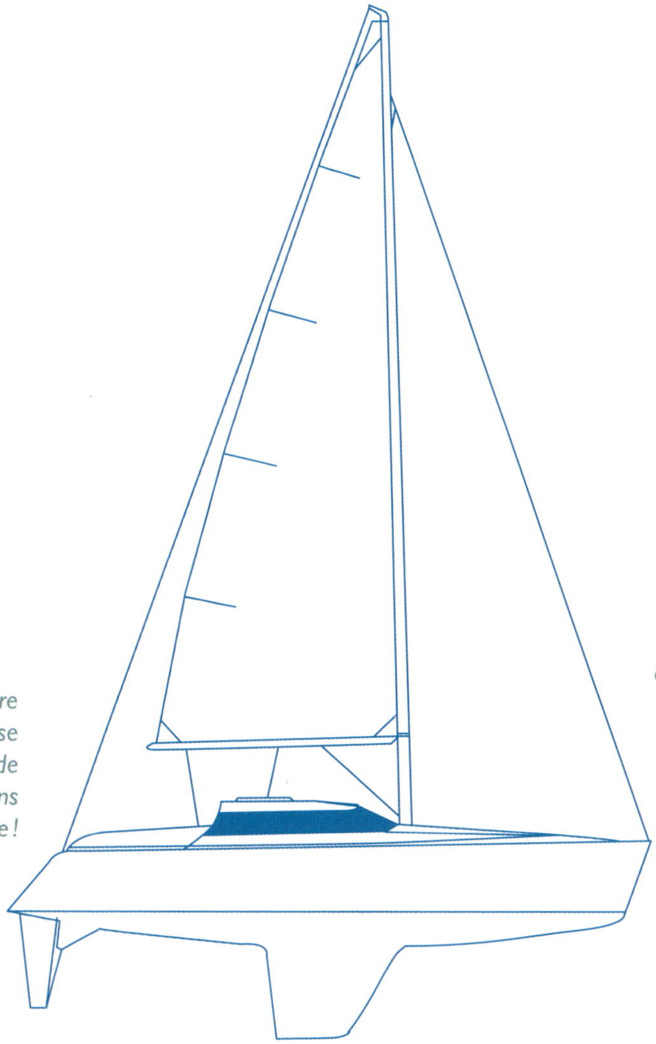

Le rouf très court permet à la plage avant de s'étendre jusqu'au pied de mât.

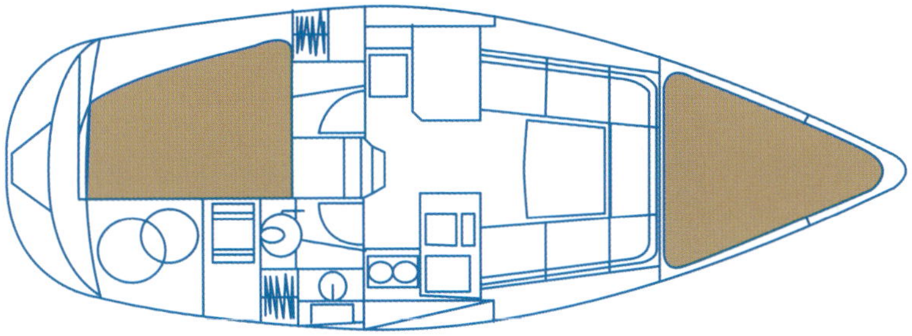

Caractéristiques du *Kelt 850*

- Constructeurs : Kelt Marine, Kirié
- 600 exemplaires de 1983 à 1996
- Matériau : polyester
- Architectes : Vaton/Roseo
- Longueur de coque : 8,5 m
- Longueur à la flottaison : 7,5 m
- Largeur : 3,07 m
- Tirant d'eau dériveur : 0,64/1,73 m
- Déplacement lège : dériveur 3 200 kg ; quillard 2 900 kg
- Lest : dériveur 1 500 kg ; quillard 1 200 kg
- Surface de voilure : 44 m^2
- Grand-voile : 18 m^2
- Génois : 26 m^2
- Moteur : IB 18 ch Diesel

aujourd'hui. **Les emménagements, étudiés par le designer Patrick Roséo (c'est également une première à cette époque que de faire appel à un professionnel extérieur), sont encore dans le coup eux aussi** : cabine arrière confortable, cuisine en L, table à cartes dans le sens de la marche, immense carré en U et lit breton à l'avant : on n'a pas fait mieux depuis ! Le *850* est devenu *29* en 86 sans changements notoires. À la fermeture du chantier Kelt Marine, les moules ont été repris par Kirié, qui a poursuivi la production de ce modèle, le *Feeling 29*, seulement en version dériveur avec une finition bien plus flatteuse.

1984

Louisiane

Rapide et léger

Le cata de croisière vu par les pros de la course au large

Jusqu'alors, les catamarans habitables, fortement influencés par les productions anglo-saxonnes, étaient lourds, peu toilés et étroits. Et donc relativement lents, guère plus rapides qu'un monocoque de même longueur. Le *Louisiane*, quasi-extrapolation à l'échelle 2 d'un cata de sport, révolutionne le genre.

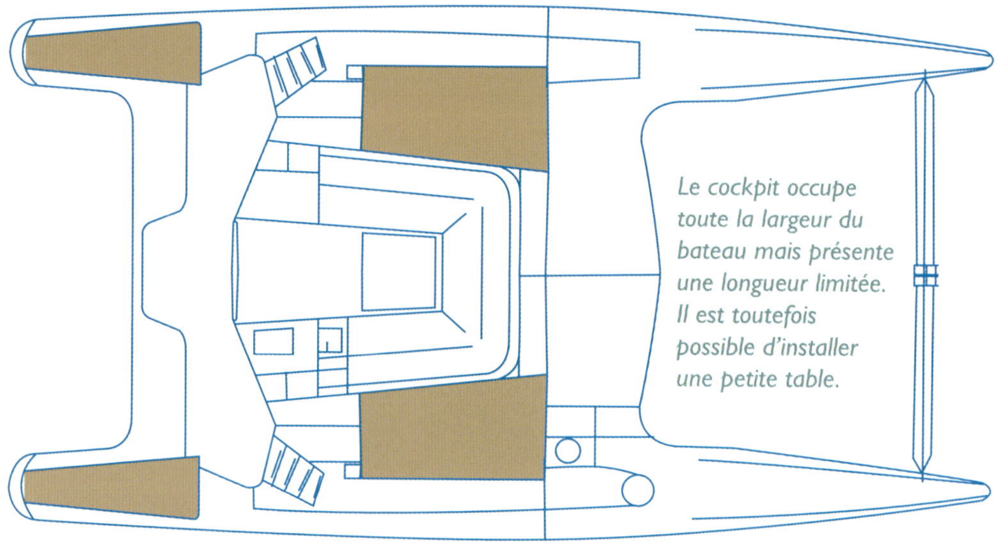

Le cockpit occupe toute la largeur du bateau mais présente une longueur limitée. Il est toutefois possible d'installer une petite table.

Le *Louisiane* est le premier catamaran de série du chantier Fountaine-Pajot. Le chantier, né en 1976, est en effet spécialisé dans les dériveurs et multicoques de compétition. **C'est sans doute ce qui explique l'évidence pour ses dirigeants de concevoir une unité très légère et dépouillée. Un concept en totale opposition avec les productions de l'époque, essentiellement anglo-saxonnes**. Les premiers modèles, avec leurs dérives et leurs safrans relevables, sont les plus performants. Ils souffrent de quelques lacunes en termes de qualité de construction et de finition mais restent d'excellents bateaux, marins et excitants. Certes, la nacelle manque un peu de hauteur pour garder l'équipage au sec aux allures près du vent, mais ça déménage... **Les 8 à 9 nœuds sont vite atteints, alors que le GPS taquine rapidement les 15 nœuds dès que les écoutes sont choquées.** Peu de multicoques de cette taille tiennent la cadence.

Les derniers exemplaires sont équipés d'ailerons et safrans fixes – ils gagnent en fiabilité mais perdent un peu en performances. La simplicité générale se traduit également dans le choix de la motorisation – le plus souvent deux hors-bord, parfois un seul. Gain de poids, entretien facilité mais manœuvres parfois plus compliquées dans les ports. Heureusement, le faible fardage et le faible déplacement du bateau vont dans le bon sens pour rattraper une mauvaise approche sur un ponton.

Le plan de pont, avec son petit rouf, fait la part belle aux surfaces planes – larges passavants et immense trampoline avant. Le cockpit est large mais plus étriqué en longueur. Et la bôme, sans pour autant mettre en péril les têtes de l'équipage, complique l'installation d'un bimini. Autre regret, l'absence de jupes à l'arrière des coques. On ne peut tout exiger !

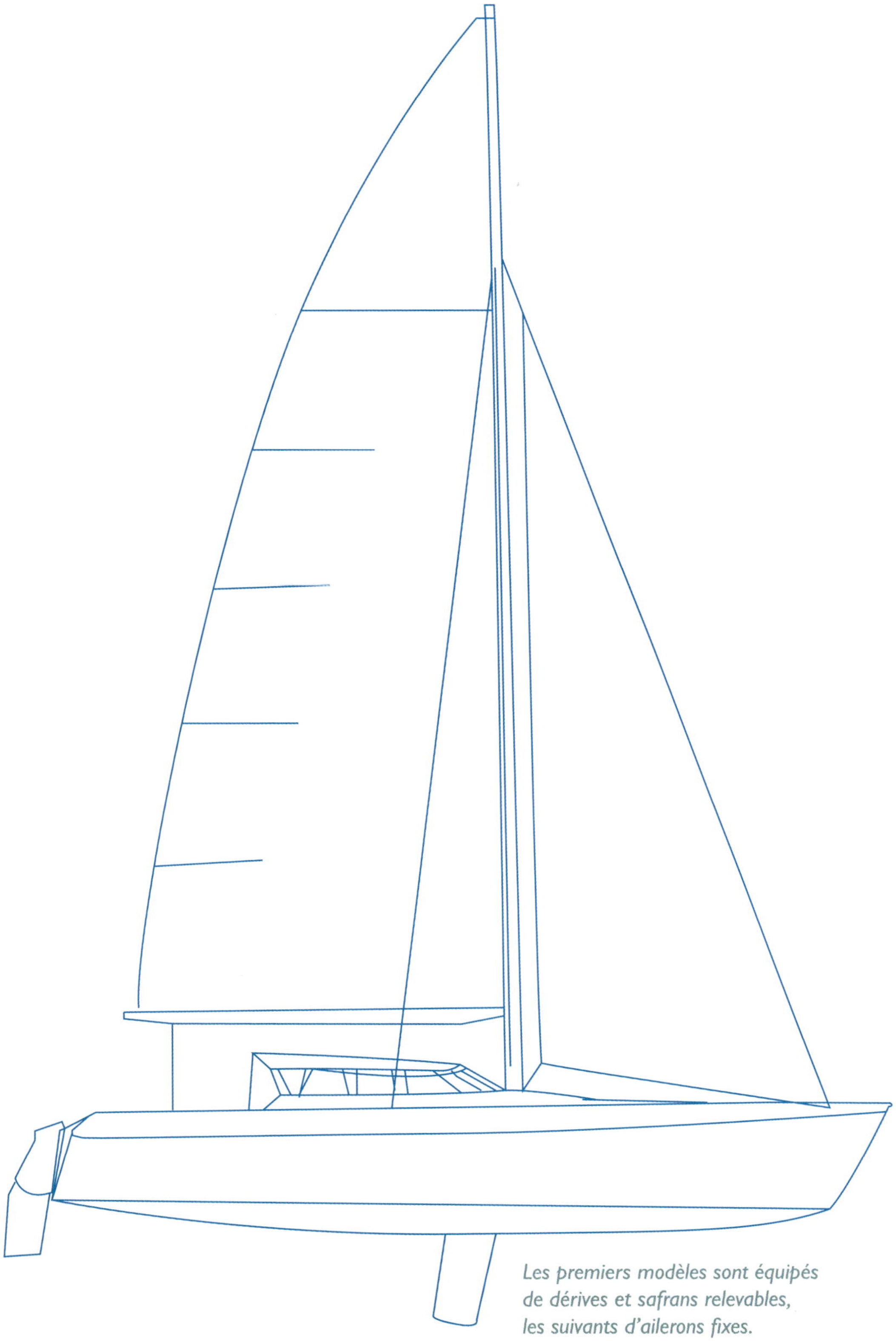

Les premiers modèles sont équipés de dérives et safrans relevables, les suivants d'ailerons fixes.

Caractéristiques du *Louisiane*

- Constructeur: Fountaine-Pajot
- 65 exemplaires de 1984 à 1988
- Matériau: polyester
- Architectes: Michel Joubert/ Bernard Nivelt
- Longueur de coque: 11 m
- Largeur: 6 m
- Tirant d'eau: 0,40/1,65 ou 1,01 m
- Déplacement lège: 4 t
- Surface de voilure: 55 m²
- Grand-voile: 36 m²
- Génois: 19 m²
- Moteur: 1 ou 2 HB ou 2 IB 8 ch Diesel

Les emménagements sont originaux puisque répartis en trois volumes cloisonnés: la petite nacelle centrale abrite un carré convertible en couchette double d'appoint, un petit coin navigation et une cuisine. Petit hic: la hauteur sous barrots se résume à un chiche 1,75 m. Chaque coque est équipée de sa propre descente: on découvre dans chacune une couchette double et une simple. Le cabinet de toilette est situé à l'avant tribord. Certains modèles profitent d'un second w.-c. Cette disposition exige donc de sortir dans le cockpit pour rejoindre sa cabine depuis le carré et vice-versa, ce qui peut être un rien pénible par temps humide et frais… mais elle préserve une réelle intimité. Certains propriétaires ont effectué une découpe pour un accès direct depuis la nacelle.

1985

Tonic 23

Le transportable à deux couchettes doubles !

Tout le confort... sans complexes

Caser tout le confort d'un huit mètres dans une coque d'un mètre de moins au gabarit routier, c'est le tour de force réalisé par Philippe Harlé et le chantier Jeanneau. À ce jour, aucun croiseur – excepté le fameux *First 235* – ne l'a encore égalé.

Nous aurions pu mettre en avant, dans la catégorie des croiseurs compacts transportables avec deux couchages doubles et cabinet de toilette, le *First 235*, sorti un an après le *Tonic 23*. Le plan Finot, avec son étrave droite et sa carène planante est en effet plus séduisant sur le plan des performances et peut donc représenter le mouton à cinq pattes dont les skippers ont toujours rêvé. **Reste que le petit frère du *Fantasia* est bien celui qui a osé le premier caser une couchette arrière double dans un croiseur de moins de sept mètres, le tout transportable sur la route**.

Certes, le déplacement lège du dériveur, 1 400 kg, de l'armement et de la remorque double essieux signifie tracter deux tonnes au bas mot derrière sa voiture. Voilà qui réclame un véhicule puissant et sûr et une bonne expérience de ce type de conduite.
Le tour de force du *Tonic*, c'est que si la coque, vue de face, semble quelque peu contrariée par le gabarit routier, les emménagements offrent un confort et un volume exceptionnel pour cette taille de bateau. Il est réellement possible de vivre à bord une dizaine de jours – voire plus – à trois ou quatre.

OBEB

FRA
18964
FRA
18964
OBEB

Les couchettes sont larges, la hauteur sous barrots atteint 1,70 m, le cabinet de toilette situé juste à droite de la descente est fonctionnel, la cuisine en L présente un évier, des rangements et une cuisinière deux feux, la table à cartes est bien au rendez-vous – pas dans le sens de la marche, soit...

Autre agrément du *23*, son rouf court porte un grand hublot frontal, ce qui est bien pratique pour surveiller la navigation ou le mouillage de l'intérieur. Le plan de pont est plutôt convaincant : accastillage bien dimensionné et disposé, grande plage avant, cockpit accueillant... Seuls les passavants sont un peu étroits. Le moteur hors-bord est installé en puits, décentré sur tribord. La formule est convaincante en croisière, à condition que le bateau soit bien à plat, mais génère une traînée préjudiciable aux performances. D'ailleurs, sous voiles, on peut dire que le vocable *Tonic* est quelque peu survendu. Si le quillard affiche des vitesses correctes à toutes les allures, le dériveur est à la peine au louvoyage par vent fort, surtout dans le clapot court. Mais c'est bien un de ses seuls points faibles : **le *Tonic 23* reste un modèle du genre en termes de confort et d'ergonomie.**

Caractéristiques du *Tonic 23*

- Chantier : Jeanneau
- 899 exemplaires de 1985 à 1991
- Architecte : Philippe Harlé
- Matériau : polyester
- Longueur de coque : 6,90 m
- Longueur à la flottaison : 6,20 m
- Largeur : 2,50 m
- Tirant d'eau : 1,12 m ou 0,70/1,38 m
- Poids lège : 1 300 kg
- Lest : 450 kg
- Surface de voile : 27,60 m²
- Surface de grand-voile : 14,60 m²
- Surface de génois : 13 m²
- Moteur : HB 6 à 10 ch en puits

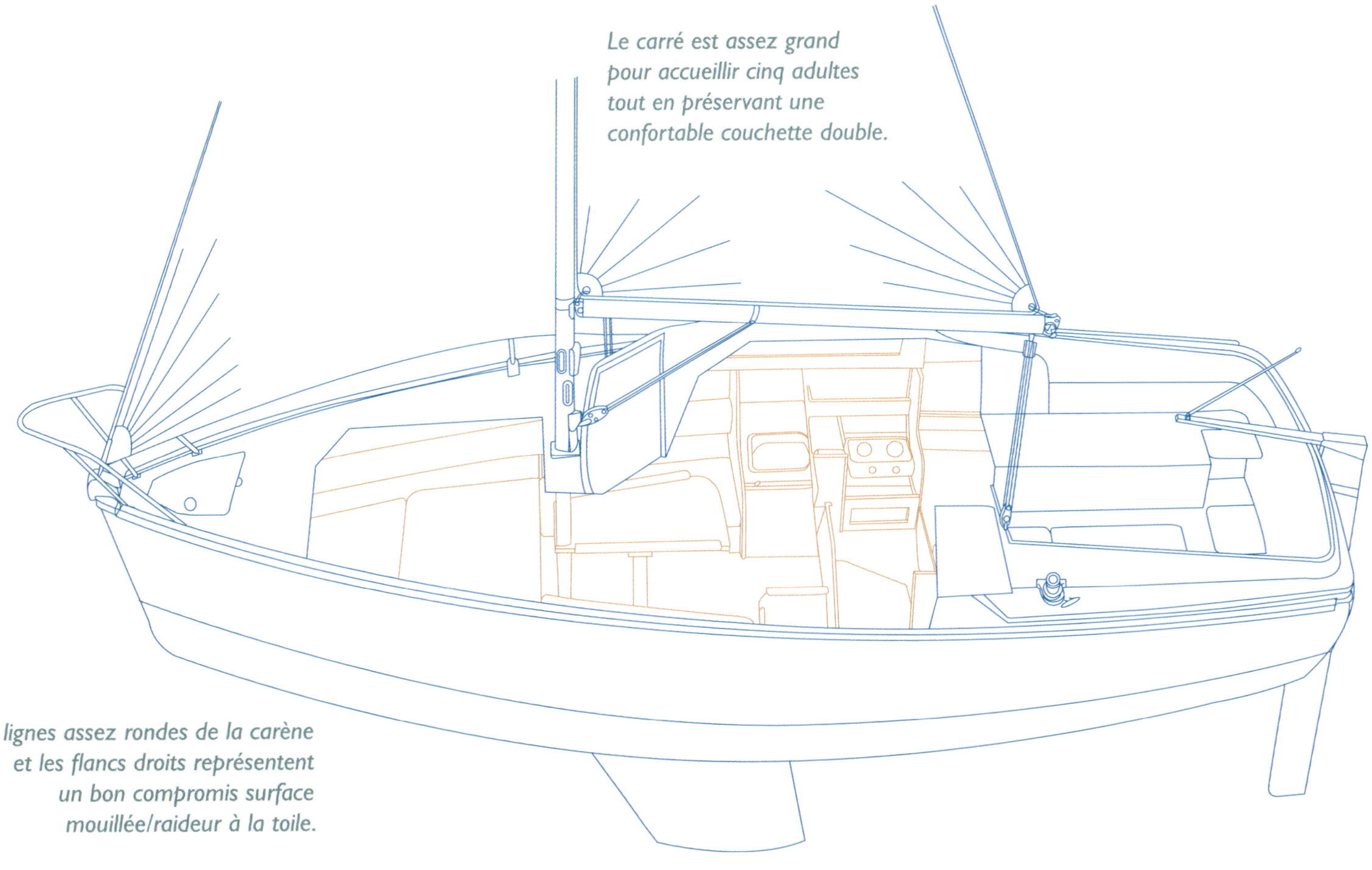

Le carré est assez grand pour accueillir cinq adultes tout en préservant une confortable couchette double.

Les lignes assez rondes de la carène et les flancs droits représentent un bon compromis surface mouillée/raideur à la toile.

CE QU'EN DISENT LES CONSTRUCTEURS

Denis Bourbigot
Responsable de IDB Marine

Denis Bourbigot est avant tout un grand bourlingueur qui a navigué sur les voiliers de Corse les plus exigeants avant de monter son chantier il y a un peu plus de dix ans. Son concept : proposer des voiliers rapides, plaisants à mener mais également faciles à manœuvrer et ludiques. On lui doit par exemple, sur un voilier de moins de 9 mètres, la table de cockpit fixe et le garage à annexe.

Quelles sont pour vous les principales innovations dans les voiliers depuis 50 ans ?

Pour moi, l'une des principales évolutions est la largeur des bateaux qui a considérablement augmenté. Si cette évolution provient du monde de la course au large pour avoir des bateaux de plus en plus puissants, rapides et stables au départ, elle trouve aussi de nombreux avantages sur les voiliers de croisière actuels : les bateaux vont bien sûr plus vite et procurent beaucoup plus de plaisirs à la voile, notamment dès qu'on peut commencer à ouvrir les écoutes.

Un des autres avantages de cette largeur est aussi l'espace gagné, autant à l'intérieur qu'à l'extérieur. Un exemple frappant pour nous est la différence de volume intérieur entre le *Malango 8.70* et le *888*. Sur ces deux bateaux identiques, au niveau du livet de pont, le bouchain nous a permis de gagner 20 cm de chaque côté au niveau des assises du carré. Sans remonter 50 ans en arrière, comment imaginer une table de cockpit et un tunnel d'annexe sur la carène d'un *First 30* dans les années quatre-vingt ?

Quelles sont les innovations que vous avez apportées ?

Pour faire des bateaux larges, il n'y a qu'une seule solution : c'est la chasse au poids. Depuis 2007, IDB Marine est passé à l'infusion, au début sur les coques et les ponts et aujourd'hui sur l'ensemble des pièces composites. Et c'est principalement cette technologie qui nous permet de sortir des voiliers de croisière légers, rapides et confortables.

Grand confort à bord du Malango 870 malgré son cockpit immense.
Voir les pages 136 à 139.

Les autres bateaux

1976
1985

▸ 1976

Surprise
Présenté par Michel Joubert comme un grand day boat familial, il ne tarde pas à se révéler redoutable régatier !

Flirt
Mini-croiseur particulièrement robuste et diffusé à près de 2 000 exemplaires.

Mélody
Ce plan Mauric reste une référence au près dans la brise. Et il est indestructible !

▸ 1977

First 30
C'est le premier *First*. Sur l'eau, il reste une légende !

J24
Ce monotype habitable est le plus diffusé au monde.

▸ 1978

Aphrodite 101
Le *101* s'inscrit en dehors des modes et tendances. Il reste élégant et redoutable en régate.

First 22
Certainement un des croiseurs de 7 m les plus marins.

▸ 1979

Prétorien
Une unité sûre et robuste, parfaitement adaptée aux traversées hauturières.

Ovni 28
Les *Ovni* n'ont pas toujours été des dériveurs intégraux comme ce *28*, premier du genre.

Bi-loup 7,65
C'est le premier modèle du chantier Wrighton. Il construit la philosophie des *Bi-loup*.

▸ 1980

Gib Sea Pico Plus
Avec sa carène toute plate et ses bouchains arrière marqués, ce plan Michel Joubert a quelques années d'avance !

Sun Fizz
Un grand classique Jeanneau, costaud, performant et confortable.

Espace 1 000
Il lance une nouvelle gamme, héritière des « fifties » d'autrefois.

▸ 1981

Kelt 707
Pont à teugue, foc autovireur et béquilles télescopiques pour ce plan Philippe Briand très innovant.

Microsail
Certainement un des *Micro* les plus réussis !

▸ 1982

Etap 23
Il est toujours insubmersible et capable d'affronter des conditions difficiles.

Feeling 720
Ce plan Joubert adopte une cabine arrière et un plan de pont soigné sur le plan ergonomique.

▸ 1983

Randonneur Côtier
Ce modèle présente une coque en aluminium qui ne cale que 30 cm dérive remontée.

▸ 1984

First Class 7
Petit frère du *Class 8*, il n'a pas connu le même succès. C'est pourtant un petit régatier excitant et bien moins exigeant.

Eolia
Signé Philippe Briand, il offre à peu près les mêmes prestations que le *Fantasia* – et donc la fameuse cabine arrière – dans 7,2 m de coque.

▸ 1985

Kelt 39
L'un des premiers dériveurs intégraux de 11 m. Testé *in situ* sur les cailloux, il a prouvé sa robustesse. Son point fort à l'intérieur : un immense carré arrière.

Coco
Premier *Mini 6,50* de série. Il restera indétrônable pendant plus de 10 ans, jusqu'à l'arrivée du *Pogo 1*.

Dehler 34
Le plus gros succès du chantier allemand. Diffusé à 1 300 exemplaires, il connaît désormais un successeur, qui reprend son programme de croiseur rapide.

1986 -

- 1995

Le First 20 de cette photo est la dernière déclinaison du fameux First 210 de 1992.
Le même depuis plus de 20 ans !

1986

Océanis 350

Premier de la gamme

100 % croisière

Alors que la plupart des voiliers de dix mètres revendiquent un héritage sportif – le plus souvent une carène issue d'un prototype de course – ou au contraire un caractère très sage pour rassurer l'amateur de virées en famille, le *350*, premier modèle de la gamme *Océanis*, s'affranchit de toute contrainte de jauge avec une carène volumineuse et puissante.

Bénéteau, avec la collaboration de Philippe Briand, lance son premier *Océanis* il y a plus de 30 ans. La marque est désormais sans doute celle qui a vendu le plus de voiliers. **Le concept était, au milieu des années quatre-vingt, de s'affranchir des contraintes de jauge qui bridaient encore la plupart des unités de course/croisière, sans abandonner toute prétention en termes de performances. Le *350* a également été prévu pour séduire les loueurs : à l'époque, c'est une activité naissante mais déjà prometteuse.**

Le bateau présente une coque large afin de privilégier le volume. Les emménagements ont été étudiés avec soin. Leur distribution est d'ailleurs identique aux croiseurs d'aujourd'hui. Une cabine double avant, un très grand carré, une cuisine en L près de la descente et une belle cabine double sous le cockpit, voilà pour la version Propriétaire, laquelle offre également un cabinet de toilettes et une table à cartes, deux éléments sensiblement moins bien traités à bord de la déclinaison trois cabines, logiquement très prisés par les flottes de location. Une nouveauté : les hublots zénithaux juste à l'arrière du mât. Ils inondent le carré de lumière, mais par temps chaud ou sous les tropiques, réclament des rideaux pour éviter l'effet de serre, sans parler des phénomènes de dilatation et donc du risque de fuites et d'entrée d'eau. Le plan de pont préserve une bonne circulation et un cockpit confortable, complété par une jupe arrière. Une barre à roue est en place. Certes, elle est trop courte pour que le barreur puisse s'asseoir sur les hiloires, **mais elle marque bien un nouveau standard avec l'abandon de la barre franche sur les purs croiseurs. Une tendance qui va se généraliser dès 30 pieds**.

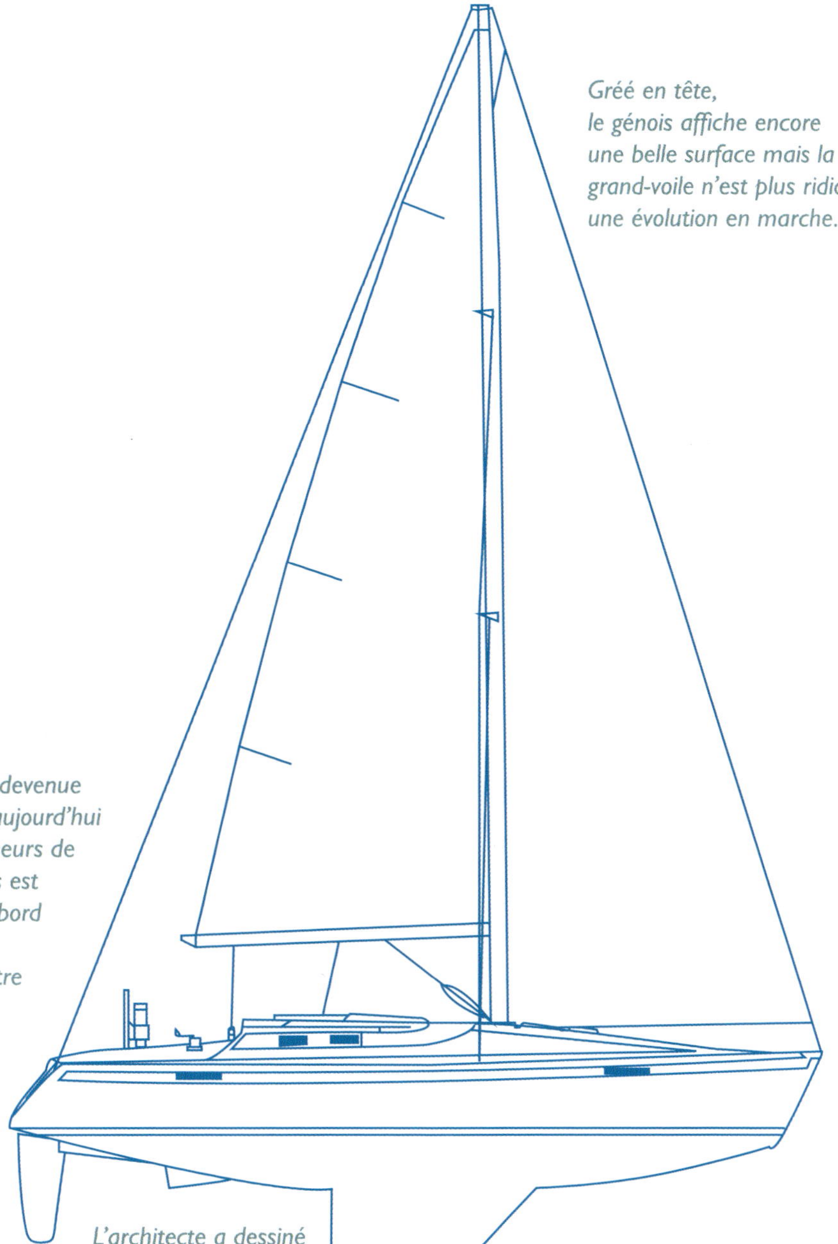

Gréé en tête, le génois affiche encore une belle surface mais la grand-voile n'est plus ridicule : une évolution en marche.

La barre à roue devenue incontournable aujourd'hui sur tous les croiseurs de plus de 30 pieds est déjà en place à bord de l'Océanis. Mais son diamètre est bien faible.

L'architecte a dessiné deux profils de quille. Le plus profond apporte un net bonus au près.

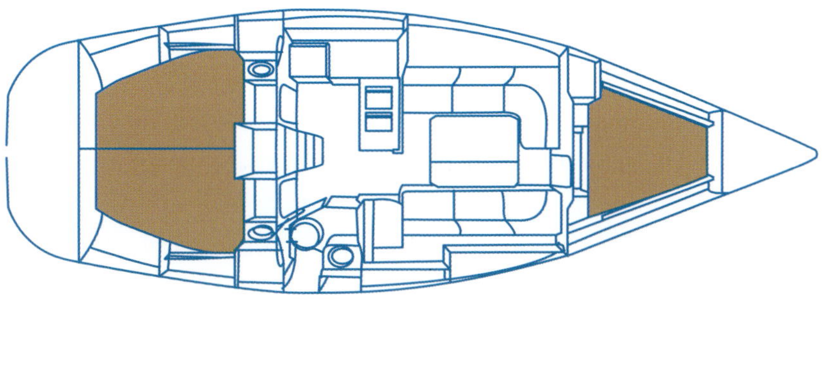

Caractéristiques de l'*Océanis 350*

- Constructeur : Bénéteau
- 692 exemplaires de 1986 à 1992
- Matériau : polyester
- Architecte : Philippe Briand
- Longueur de coque : 10,10 m
- Longueur à la flottaison : 9,13 m
- Largeur : 3,43 m
- Tirant d'eau : 1,25 ou 1,56 m
- Déplacement lège : 4,90 t
- Lest : 1,80 t
- Surface de voilure : 52,40 m^2
- Grand-voile : 21 m^2
- Génois : 31,40 m^2
- Moteur : IB 18 ou 28 ch Diesel

Avec son brion émergé, il est facilement à reconnaître, cet *Océanis*. Sa carène large s'avère rapide au portant et un peu moins convaincante au louvoyage. Au près, le bateau a vite tendance à ralentir contre le clapot court mais reste néanmoins toujours sain à la barre. Le lest court doté d'ailettes est décidément... trop court. Le profil de quille standard, plus profond de 31 cm, est à recommander. Ce premier *Océanis*, avant-gardiste, conserve le bon profil pour emmener une famille découvrir les eaux tropicales.

1987

Edel Cat 35

Trois roufs sur deux coques

Un sacré plan de pont...

La nacelle indépendante des coques, on connaît. Mais trois roufs qui encadrent deux passavants et le cockpit, du coup parfaitement protégés, non ! C'est que l'*Edel Cat 35*, directement issu du *33*, nous propose. Une configuration très convaincante avec de jeunes enfants à bord.

Les frères jumeaux Edel, Pierre et Maurice, après la faillite de leur entreprise en 1983, se lancent dans la production de catamarans avec l'*Edel Cat 15* et le *26*. En 1985, le *33*, élaboré avec la collaboration de Sylvestre Langevin, se veut une unité robuste, rustique et proposée à prix serré. Les coques et l'ensemble cockpit/nacelle sont démontables grâce à un assemblage de poutres en aluminium. Le moteur est un simple hors-bord central, protégé par un carénage. **L'originalité principale du *33* est son plan de pont : chaque coque, autonome, est desservie par sa propre descente.** La nacelle centrale est donc isolée par deux larges passavants. L'engin, livré logiquement en pièces détachées, est vite surnommé « Edel Kit » par les concessionnaires, ce qui ne l'empêche pas d'être apprécié par les loueurs. Pendant quatre ans, ce catamaran sera diffusé à 60 exemplaires. **L'*Edel Cat 35*, lancé quatre ans plus tard, est la version améliorée du *33* : possibilité de moteurs inboard, nacelle plus haute de 30 cm, jupes arrière et surface de voilure revue à la hausse. Il sera produit à 130 unités.** Le *35* **conserve évidemment le plan de pont si original du *33* : chaque coque est coiffée par un**

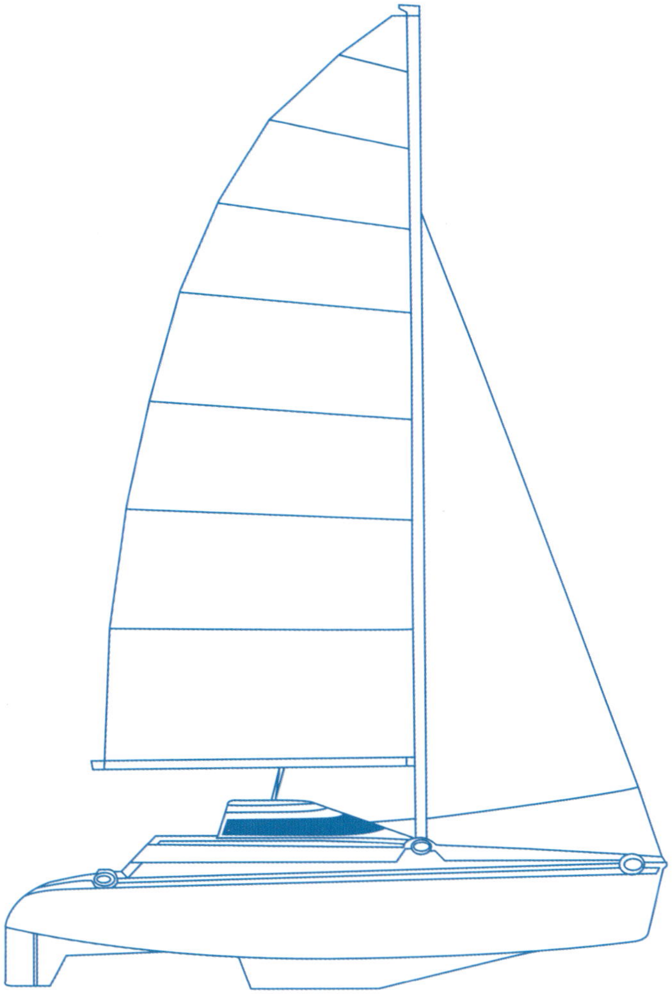

Les safrans sont protégés par de robustes skegs. Un plus pour la sécurité.

Caractéristiques de l'*Edel Cat*

- Constructeur : Edel Strat
- 130 exemplaires de 1987 à 1996
- Matériau : polyester
- Architectes : Maurice Edel et Sylvestre Langevin
- Longueur de coque : 10,60 m
- Longueur à la flottaison : 10 m
- Largeur : 6,04 m
- Tirant d'eau : 0,90 m
- Déplacement lège : 3,5 t
- Surface de voilure : 67 m²
- Grand-voile : 41,5 m²
- Génois : 25,5 m²
- Moteur : 1 ou 2 HB ; 2 x IB 9 ou 14 ch Diesel

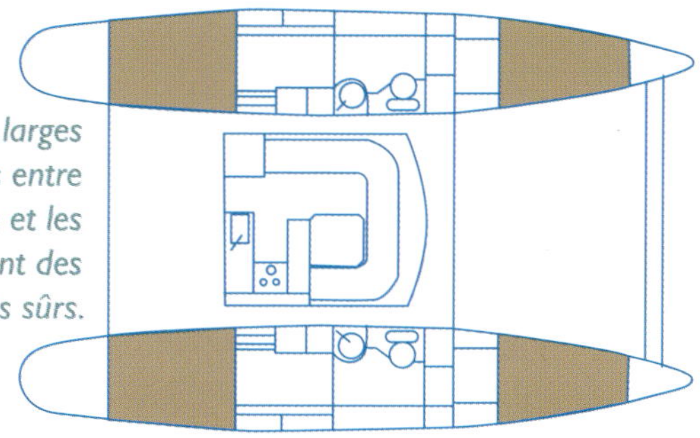

Les deux larges passavants taillés entre la nacelle centrale et les coques permettent des déplacements très sûrs.

rouf, assurant une protection optimale au cockpit et aux passavants, habituellement bien plus exposés. Cette configuration est particulièrement adaptée aux équipages avec jeunes enfants. On apprécie également la double motorisation, hors-bord ou Diesel, qui permet tout de même des manœuvres bien plus facilement maîtrisées qu'avec un seul hors-bord central de faible puissance. Sous voiles, l'*Edel Cat 35*, qui gagne 7 m² par rapport au *33*, se déhale très correctement et vire de port sans rechigner, même par petit temps. **Mais le point fort du bateau reste la brise : le *35* apprécie particulièrement le travers et le grand largue, où les pointes à 20 nœuds sont à la portée du barreur – forcément grisé ! Bref, malgré sa conception des années quatre-vingt, l'*Edel Cat 35* n'a pas grand-chose à envier aux catamarans de croisière modernes**. À ceci près que la nacelle centrale, toujours trop basse, bute volontiers dans la mer courte. En revanche, quand la mer devient plus grosse, le *35* retrouve une certaine aisance de passage. Les emménagements offrent donc trois volumes distincts et autonomes. La nacelle centrale, évidemment, ne peut rivaliser avec les volumes offerts aujourd'hui, mais le carré reste suffisant pour accueillir cinq convives. Les coques comportent chacune une couchette double à l'arrière et un cabinet de toilette. La couchette de la pointe avant, isolée par une cloison sur le *33*, est désormais accessible. Un design original, une structure robuste avec ses grosses poutres aluminium, des performances flatteuses, et des emménagements convaincants en mer comme au mouillage, on n'a pas grand-chose à demander de plus !

1988

X-99

Fast is fun!

**Monotype…
et habitable**

Si la plupart des machines de course sont des usines à bouts à bord desquelles il n'est même pas envisageable de passer une nuit, le *X-99* propose des emménagements complets compatibles avec la croisière. Soit un programme bien plus large que de tourner autour de trois ou quatre bouées. Et une robustesse inégalée avec son châssis en acier galvanisé.

Le chantier danois X-Yachts, spécialisé dans les voiliers habitables performants, lance à la fin des années quatre-vingt l'un de ses meilleurs bateaux. **Le *X-99*, reconnu classe monotype dans la plupart des pays nordiques, s'est rapidement imposé sur les plans d'eau du monde entier grâce à ses performances exceptionnelles.** Léger, très lesté et bien toilé, il offre des qualités marines hors-normes, comparables – sinon supérieures en termes de raideur à la toile - à celles des voiliers de régate de même longueur les plus récents. À toutes les allures, par petit temps comme grosse brise, le *99* cavale avec aisance, pour le plus grand plaisir de son barreur. Le cap est époustouflant au près alors qu'au portant sous spi, pour que l'échelle Beaufort chatouille le 5, le monotype tient facilement des moyennes de 10 nœuds. Évidemment, le mât « spaghetti » et ses deux paires de bastaques réclament un peu d'attention à l'équipage… mais le plan de pont et l'accastillage permettent de tirer le meilleur du bateau. D'autant que le *X-99*, grâce à sa structure en acier galvanisé – elle reprend les efforts de la quille, des tirants de haubans et la compression du mât – assure une rigidité sans faille. Et une belle longévité également : ce modèle est quasi increvable !

Le moteur, un simple Volvo 2001 de 7,5 ch et ses 20 l de gazole, est évidemment juste suffisant pour les manœuvres de port et quelques traites par calme plat... mais encore une fois, le *X-99* est si véloce dès les premières risées que ce n'est pas gênant à l'usage.

Les emménagements constituent une bonne surprise : enfin un monotype qui n'est pas dédié exclusivement à la régate !

Il est en effet possible de vivre à bord quelques jours, en mer comme au mouillage. Certes, le volume offert par cette coque plutôt étroite et basse de franc-bord se rapproche plutôt d'un 28 pieds actuels. Et les possibilités de rangements sont réduites.

Mais le rouf parvient à caser une hauteur sous barrots suffisante dans la zone de vie : on relève 1,80 m au pied de la descente, 1,72 m dans le carré. En revanche pour le cabinet de toilette à l'avant et la cabine double nichée dans l'étrave, vous vous contenterez de 1,49 m. Le chantier a prévu une belle table pour les repas, un vaste coin navigation et deux couchettes simples de quart sous le cockpit.

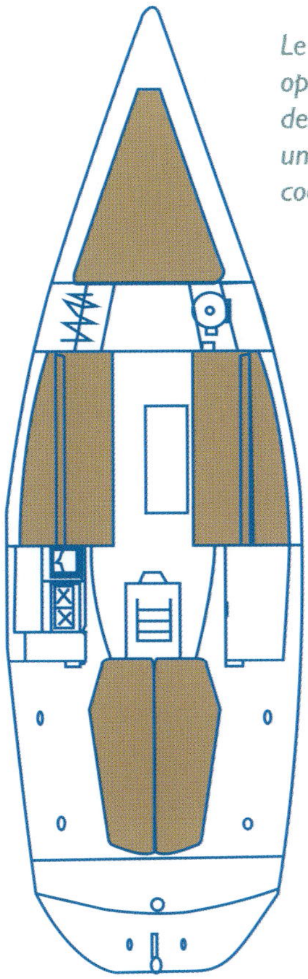

Le plan de pont a été optimisé pour la régate avec des passavants très larges, un accastillage complet et un cockpit confortable à la gîte.

Caractéristiques du *X-99*

- Constructeur : X-Yachts
- 605 exemplaires de 1998 à 2004
- Matériau : sandwich polyester
- Architecte : Niels Jeppesen
- Longueur de coque : 9,95 m
- Longueur à la flottaison : 8,50 m
- Largeur : 3 m
- Tirant d'eau : 1,75 m
- Déplacement lège : 2,85 t
- Lest : 1,3 t
- Surface de voilure : 62 m^2
- Grand-voile : 32 m^2
- Génois : 30 m^2
- Moteur : IB 7,5 ch Diesel

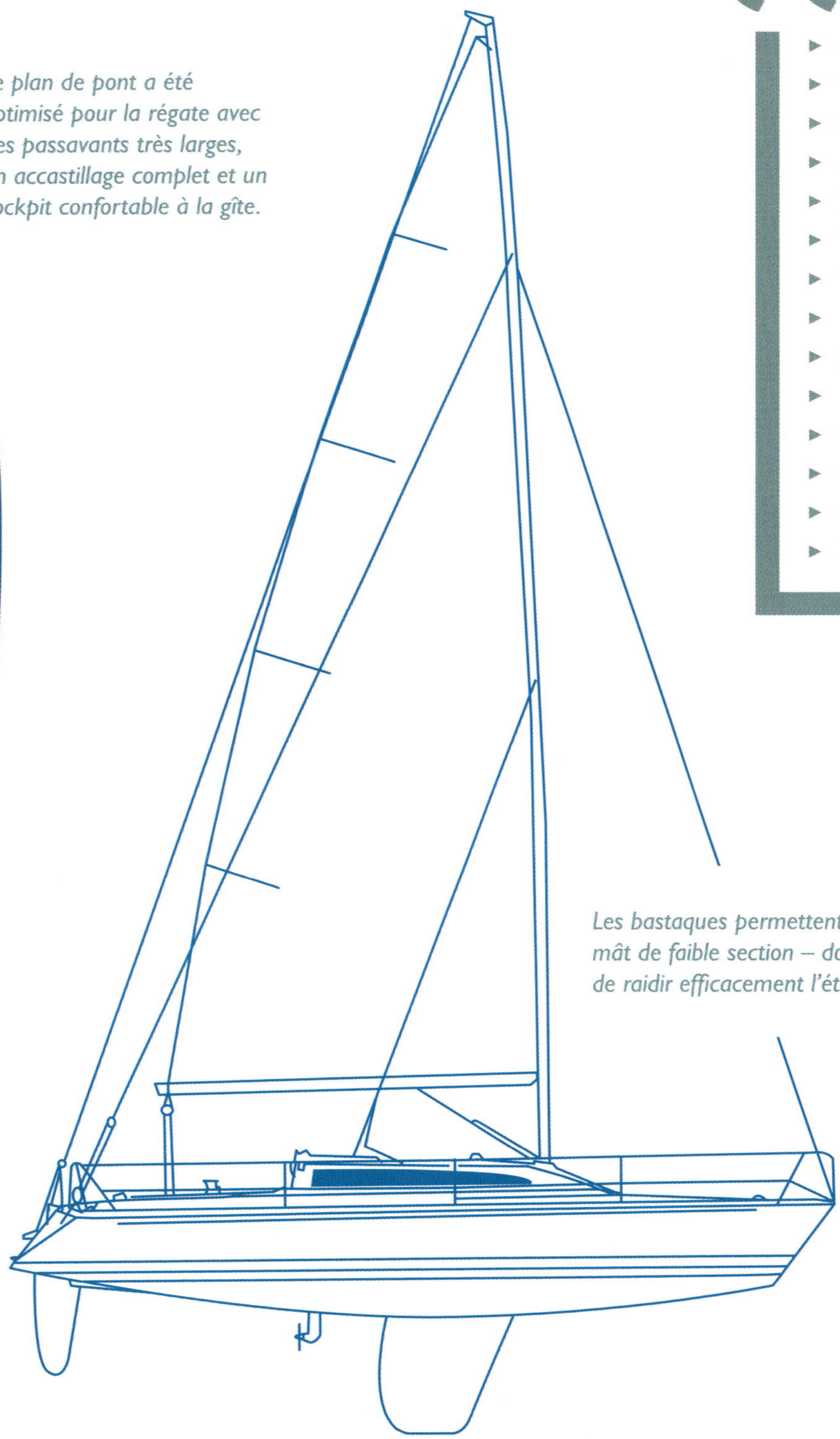

Les bastaques permettent de travailler un mât de faible section – donc plus léger – et de raidir efficacement l'étai à demande.

La coque est structurée par un châssis en acier galvanisé. Les derniers X adoptent désormais le carbone.

1989

Tofinou

Le néo-rétro, ça marche !

Coque polyester et pont bois

Le choix d'un matériau sans entretien garantit un bon vieillissement. Le chantier a proposé très tôt un grand choix de couleur de gel coat. Ces teintes classiques feraient jurer que c'est bien du bois. Les superstructures, elles, sont en acajou et teck.

Le *Tofinou*, c'est l'histoire d'un pari sacrément osé sur un vieux voilier, devenu 60 ans plus tard un bateau de série diffusé à plus de 250 exemplaires.

En 1929, le Capitaine Merle dessine un dériveur lesté de sept mètres avec une belle tonture de pont et une étrave camuse caractéristique. Le propriétaire de cette élégante et unique unité a vécu au Dahomey (appellation de l'époque), aussi la baptise-t-il *Tofinou*, ce qui signifie « gens de mer » dans la langue locale. Le bateau à la coque blanche, pudiquement recouvert d'un film plastique déchiré de toutes parts est récupéré à l'état d'épave. Il est alors restauré et c'est là que Philippe Joubert – le frère de Michel, l'architecte naval – tombe sous le charme de ses lignes, tire un moule et décide de commercialiser, en 1989, une série. **Et ça marche ! Sur l'île de Ré, tout d'abord, où les coques vert bouteille, bleu marine, ou bordeaux assorties d'un mât laqué blanc font un malheur… La mode néo-rétro – la tendance serions-nous même tentés d'écrire, puisqu'aujourd'hui les descendants du *Tofinou* se comptent par dizaines – est en marche**. Sur l'eau, le *Tofinou* parvient à caper très correctement au près malgré son plan antidérive qui se résume à un long saumon et à une simple tôle, une dérive camembert.

Le bateau devient plus technique par bonne brise ; il s'agit de négocier au mieux le clapot court pour que les formes très pleines à l'avant ne butent pas dans les vagues. Les plus fins barreurs se reconnaîtront. Ajoutons tout de même que le *Tofinou* est facile à mener avec son foc à faible recouvrement, plutôt raide à la toile et marin, et que son cockpit est particulièrement vaste, en l'absence de cabine. C'est donc un parfait support pour les sorties à la journée en famille.

Pour autant, le propriétaire profite d'une unité gratifiante sur le plan esthétique grâce au pont en teck et aux hiloires en acajou soigneusement vernis. Une petite bâche protège le bateau quand il est au port ou au mouillage.

Les skippers, à force de se croiser sous le vent de l'île – le plus gros de la flotte se concentre à Saint-Martin et Ars-en-Ré – prennent l'habitude de se chercher sur l'eau... jusqu'à créer un grand rassemblement estival. La pression monte, les skippers parfois pro sont tentés d'en découdre.

Le chantier Latitude 46 édicte une jauge stricte afin de conserver l'esprit familial de la série. C'est ainsi que le moteur Diesel monté à fond de cale et son hélice fixe sont obligatoires. Quant au spi, longtemps banni, il a fini par rejoindre le bord...

Anégada
AC

L'absence de cabine, c'est tout bon pour que le cockpit prenne ses aises jusqu'au pied de mât.

Caractéristiques du *Tofinou* 7 m

- Constructeur: Latitude 46
- 250 exemplaires depuis 1989
- Matériau: polyester
- Architecte: Edmond Merle
- Longueur de coque: 7,00 m
- Longueur à la flottaison: 5,60 m
- Largeur: 2,25 m
- Déplacement: 1 300 kg
- Lest: *380* kg
- Tirant d'eau: 0,50/1,10 m
- Surface de grand-voile: 24,40 m^2
- Surface de génois: 6,10 m^2
- Moteur: IB 9 ch Diesel

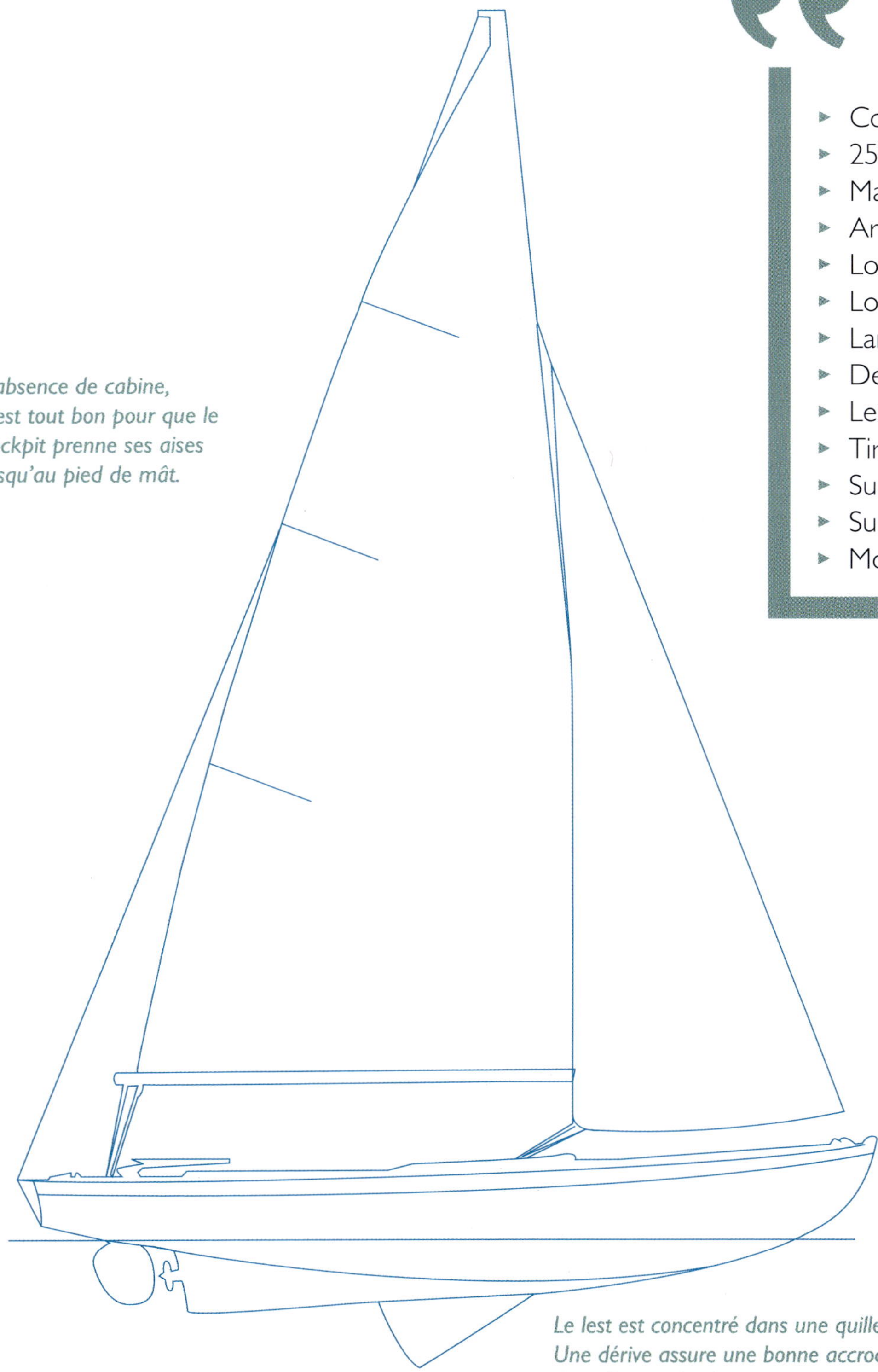

Par grand beau temps, il est possible d'installer un taud sur la bôme et de dormir à deux dans le cockpit.

Le lest est concentré dans une quille longue. Une dérive assure une bonne accroche aux allures près du vent.

CE QU'EN DISENT LES CONSTRUCTEURS

Christian Bouroullec
Responsable du chantier Structures

Structures est fondé en 1987 à Quimper par Christian Bouroullec, puis déménage à Combrit Sainte-Marine en 1990 et s'agrandit. Le chantier construit alors des prototypes à l'unité. En 1995, le Pogo 6,50, premier voilier de série du constructeur, marque les esprits. Et Christian Bouroullec, en 1999, remporte même à son bord la Transat 6,50 en catégorie série. Aujourd'hui, ce chantier de 5 000 m² compte 50 employés.

Pouvez-vous revenir en quelques mots sur votre histoire, et sur l'histoire du chantier Structures ?

Le chantier a lancé en 1995 son premier voilier construit en série : le *Pogo 6.50*. Les succès suivent. En 1999, je remporte la Transat 6.50 en catégorie série. La même année est lancé le *Pogo 8.50*, capable d'amener la famille en croisière et de surfer la houle de l'Atlantique. Il remporte la victoire dans la Transquadra Solo aux mains de Michel Mirabel. En 2000, le *Pogo 8.50* est élu Voilier de l'année.
En 2003, le *Pogo 2* succède au *Pogo 6.50*. Victoire d'Erwan Tymen dans la Transat 6.50. Je me classe personnellement 5e de la Transquadra sur un *Pogo 8.50*. De nouveaux modèles apparaissent, entraînant de nouveaux succès : le *Pogo 40* s'impose en Class 40 dans la Route du Rhum 2006. Le *Pogo 10.50* est élu Voilier de l'année 2009.
Deux nouveautés en 2010 : le *Pogo 40S2* pour la course au large et le *Pogo 12.50*, voilier moderne de croisière.
En 2011, c'est la présentation du premier *Pogo 50*, voilier élégant et facile à manœuvrer, conçu pour naviguer vite et loin en équipage réduit ou en famille.
En 2012, le *Pogo 12.50* est élu meilleur « European yacht of the year » dans la catégorie « Croiseur Rapide » par un jury de 14 magazines européens.
2013 voit le lancement du *Pogo 30* qui renouvelle avec succès le concept, initié 15 ans plus tôt, par le *Pogo 8.50*. Parallèlement, le chantier Structures exprime son savoir-faire en matière de course au large à travers sa 3e génération de *Class 40* : toujours plus rapide et plus puissant.
Enfin, au printemps 2014, Structures a présenté le *Pogo 3* successeur du *Pogo 2*, vainqueur des Transat 6.50 depuis 2003. Un design innovant sous le crayon de l'architecte Guillaume Verdier.
Nous sommes actuellement 50 techniciens spécialisés dans les métiers de la construction navale. Nos locaux modernes et adaptés couvrent près de 5 000 m².

Le Pogo 2 est évoqué aux pages 130-131.

Un voilier pour un programme, le design en prime !

1990

Fini le tout-en-un ! Chantiers et architectes assument désormais que les voiliers qu'ils imaginent ne pourront prétendre à tous les programmes. Bref, en quelques années, les idées-forces du marketing déjà bien ancrées dans le monde automobile s'imposent dans la plaisance. On définit un programme et on conçoit le voilier qui y répond le mieux. Du coup, les régatiers deviennent plus extrêmes, sans concessions ou presque au confort. Et les purs croiseurs se satisfont de leurs mâts plus courts. La naissance de la gamme *Océanis* représente bien cette tendance : les *First* sont plus que jamais taillés pour la régate alors que les amateurs de croisière profiteront désormais de voiliers conçus exclusivement pour cet usage. Quand au tarif, plus il est bas sur le marché, mieux c'est.

Tous les gros best-sellers diffusés à 1 000 exemplaires ou plus sont des modèles très bien placés en prix. Et si le bateau est beau et/ou à la mode des canons esthétiques du moment, c'est tout bénéfice.

Deux écoles se distinguent. Celle de l'utilitaire – des hublots pour la lumière à l'intérieur – et celle du design. C'est cette seconde voie que défriche Bénéteau avec ses *First* siglés « S » comme Stark. Le célèbre designer a en effet dessiné les roufs : vitrages zénithaux, boiseries plaquées acajou, sellerie blanche, marbre dans la cuisine, inox pour le support de table. Sur le plan architectural général, les carènes ont une nette tendance à s'élargir, surtout à l'arrière – et ça tombe plutôt bien pour caser les cabines doubles. Côté appendices, les dériveurs intégraux cohabitent désormais sans complexes avec les traditionnels dériveurs lestés. Les quillards restent les modèles les plus performants, surtout en lest long. Les années 1985 à 1994 sont également celles du multicoque moderne. Après les poussifs modèles d'outre-Manche, place à des bateaux bien plus ludiques, confortables et rapides : merci Fountaine-Pajot. Une révolution est en marche !

Les arrières larges permettent de loger des couchettes doubles même dans des croiseurs de moins de 7 mètres – ici le First 235.

1990

Figaro

Monotype hauturier pour équipages ou... solitaires

De la navigation hauturière à la transat

Le concept de départ – créer un monotype hauturier pour la navigation en solitaire et en équipage – est inédit. Et le *Figaro* se révèle si sûr au large que les organisateurs de course ne tarderont pas à lui ouvrir les portes de la transat. Belle preuve de robustesse et de comportement marin exemplaire pour un voilier de neuf mètres.

À la fin des années quatre-vingt, les organisateurs de la course de l'Aurore, une épreuve en solitaire estivale de très haut niveau, sont bien contraints de se rendre à l'évidence : les voiliers participants sont disparates, la course à l'armement désavantage sévèrement les moins bien lotis en termes de budget... Bref, il est temps de proposer un monotype afin de redynamiser l'épreuve.

Le *Sprint 95* d'Archambault et un projet signé Jeanneau sont écartés au profit du *First Class Solo* de Bénéteau. Le voilier séduit immédiatement les solitaires par ses performances. Voire trop ! Très toilé et exigeant avec ses bastaques, le *Solo* atteint les 20 nœuds sous spi mais il épuise les marins et les mâts tombent sur le pont comme les feuilles l'automne... Du coup, le Groupe Finot et Jean Berret revoient leur copie. Ils ont la brillante idée de piocher dans le catalogue du chantier vendéen : le *First Class Challenge*, version quelque peu assagie du *Solo* conçue pour les régates corporatistes, fera l'affaire, mais avec les ballasts de l'original. **En 1992, le *Figaro* fait donc son apparition sur les lignes de départ – les anciens modèles étant reconditionnés avec le mât plus court, plus costaud et dépouillé de ces bastaques. Concrètement, le mât perd 2,5 m et la grand-voile plus de 5 m². Les solitaires sont enfin comblés, eux qui louaient la robustesse du bateau, le potentiel de la carène et la sécurité par gros temps.** Du coup, les organisateurs de course n'hésitent plus à envoyer les coursiers de l'autre côté de l'Océan... **Plan de pont optimisé avec un cockpit et des passavants larges, un accastillage pléthorique, des cale-pieds décalés du livet de pont – ils feront école – et un radeau de survie intelligemment placé sur la jupe arrière, le *Figaro* est bien sûr pensé**

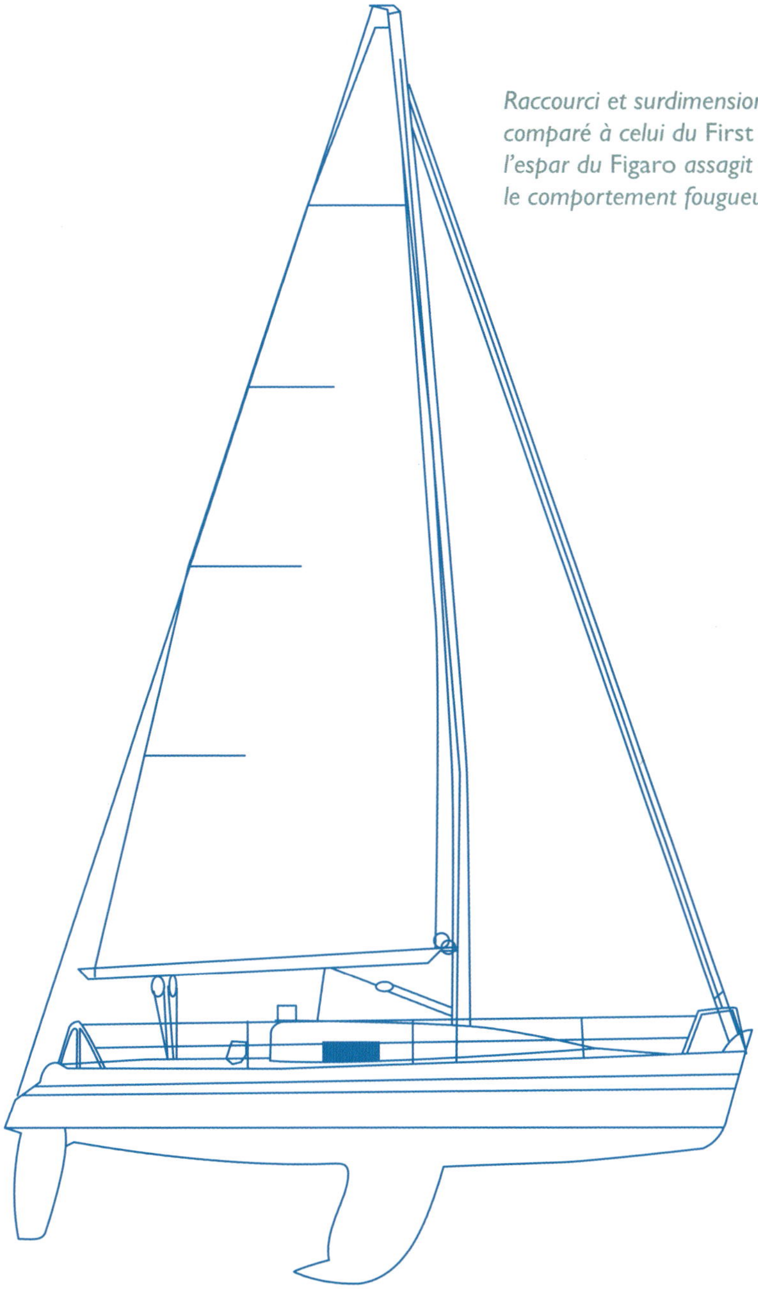

Raccourci et surdimensionné comparé à celui du First Class Solo, l'espar du Figaro assagit considérablement le comportement fougueux de son prédécesseur.

Caractéristiques du *Figaro*

- Constructeur: Bénéteau
- 120 exemplaires de 1990 à 1998
- Matériau: polyester
- Architectes: Groupe Finot et Jean Berret
- Longueur de coque: 9,14 m
- Longueur à la flottaison: 8,40 m
- Largeur: 3,25 m
- Tirant d'eau: 1,80 m
- Déplacement lège: 2,80 t
- Lest: 0,9 t
- Surface de voilure: 55,50 m²
- Grand-voile: 25 m²
- Génois: 30,5 m²
- Moteur: IB 9,5 ch Diesel

pour le solitaire, mais se révèle à l'usage exploitable en équipage. Ses emménagements spartiates mais adaptés aux dures contraintes du large se moquent évidemment des éléments de finition réclamés à bord des croiseurs plus sages mais on compte au moins des vraies couchettes de mer, une cuisine et une soute à voile dans le poste avant. **Le *Figaro* est une incontestable réussite; peu de voiliers d'à peine neuf mètres de coque peuvent se vanter d'être aussi marins et rapides**. La carène est d'ailleurs si aboutie qu'elle a été réutilisée avec bonheur sur le *First 310*, l'*Océanis 300*, le *311* et surtout le *First 31.7*, sans doute l'un des plus grands succès commerciaux de Bénéteau dans cette taille de bateaux. Détrôné par le *Figaro* 2 en 2002, on appelle depuis l'ancien monotype *Figaro 1*...

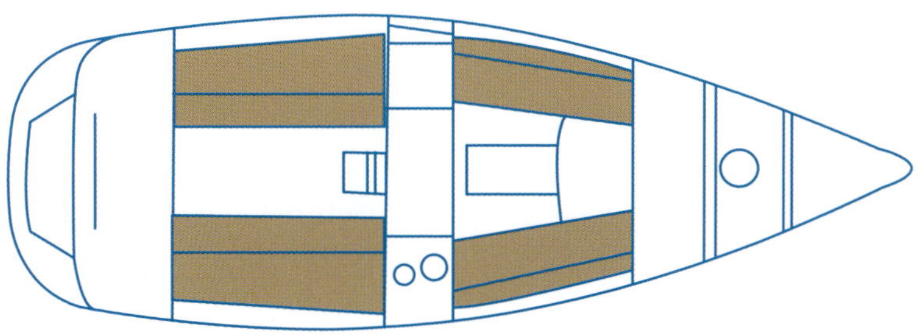

Des emménagements basiques mais néanmoins conçus pour la haute mer avec des vraies couchettes de quart.

1991

JOD 35

Objectif Tour de France

La simplicité d'abord

Comparé à son prédécesseur le *Sélection*, le *JOD 35* est un véritable catalogue de solutions simples et éprouvées : fini les doubles descentes, les bouts partout et les bastaques ! À bord du plan Andrieu, place à un plan de pont sobre et efficace, un gréement robuste et des emménagements fonctionnels.

Après l'*Écume de Mer*, le *First 30*, le *Rush* et le *Sélection*, les organisateurs du Tour de France souhaitent un nouveau modèle plus moderne et plus simple à mener que le plan Joubert/Nivelt.

Un peu plus court que ce dernier, le *JOD 35* – comprendre Jeanneau One Design – affiche des caractéristiques finalement très proches de son prédécesseur : son rapport voilure/poids est de 19,7 m²/t contre 19,24 au *Sélection*. Le rapport de lest est légèrement plus conséquent, il passe de 30 à 34,2 %. La carène est également plus stable de forme que celle du précédent monotype, issu du proto IOR *Diva*. Autre détail d'importance, le mât de faible section à bastaques est remplacé par un profil bien plus robuste à deux étages de barres de flèches et haubanage en Rod. Fini les bastaques ! Quant au plan de voilure, il privilégie nettement la grand-voile alors que le *Sélection* arborait deux voiles de surface équivalente.

Sur l'eau, peu d'écart : le *Sélection* reste sans doute un brin plus véloce dans les petits airs, mais le *JOD* reprend le dessus quand le vent rentre. Là où les marins y ont gagné, c'est en facilité de manœuvre et en raideur à la toile : le *JOD 35*, tout voilier de régate qu'il est, est une unité tolérante qu'on prend en main facilement. Un habitué des croiseurs tranquilles ne sera à son bord nullement dépaysé, il naviguera seulement beaucoup plus vite et ne voudra plus lâcher la barre ! **C'est le tour de force du chantier Jeanneau et de Daniel Andrieu : ils sont parvenus à lancer un véritable racer démocratique.**

Contrairement à la tendance des années soixante-dix à quatre-vingt, la grand-voile prend désormais le pas sur le génois.

Le rouf, avec sa décoration grise et son hublot futuriste, tranche avec les productions traditionnelles.

Le safran, profond et de grande surface, assure un parfait contrôle du bateau à la gîte et une manœuvrabilité exceptionnelle.

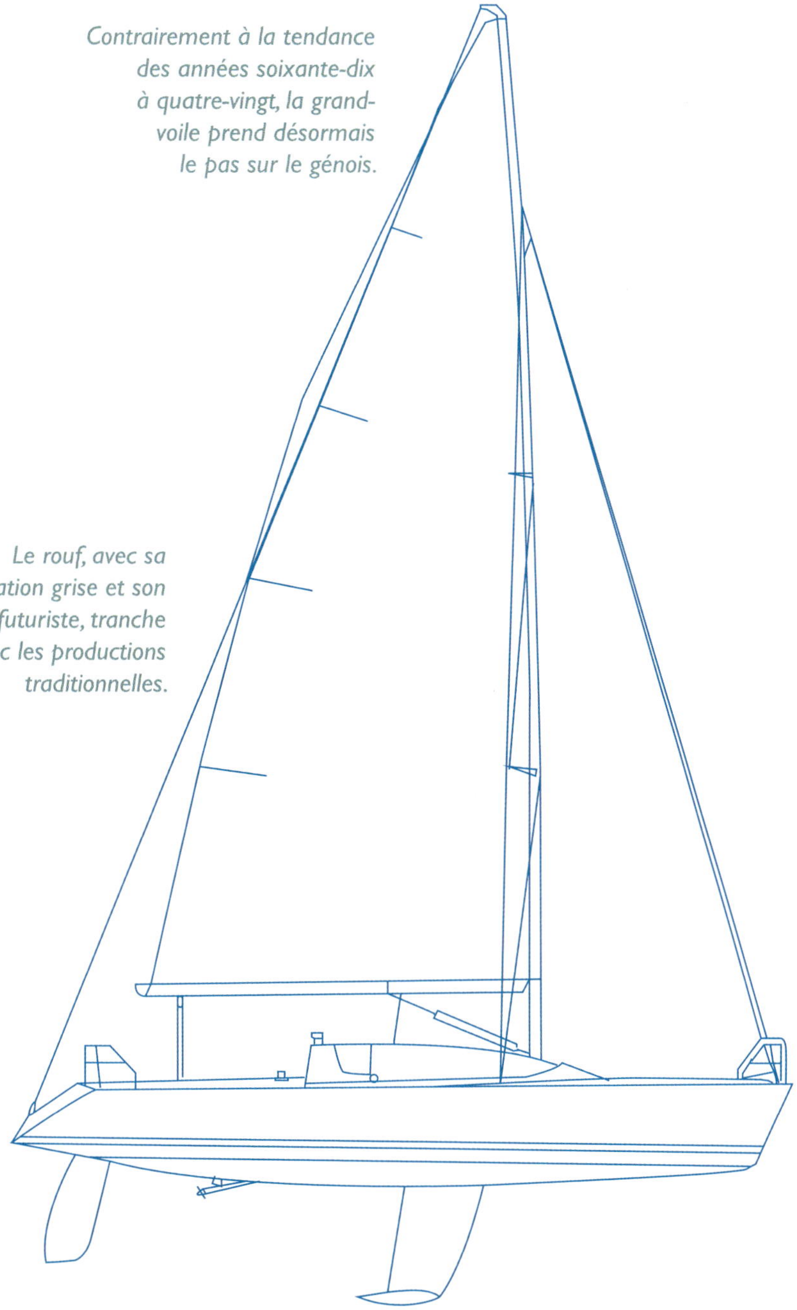

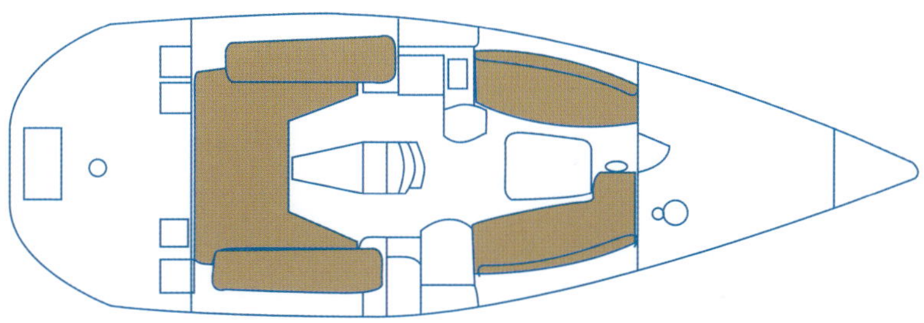

Caractéristiques du *JOD 35*

- Constructeur: Jeanneau
- 216 exemplaires de 1991 à 1998
- Matériau: polyester
- Architecte: Daniel Andrieu
- Longueur de coque: 10,60 m
- Longueur à la flottaison: 9,05 m
- Largeur: 3,5 m
- Tirant d'eau: 1,95 m
- Déplacement lège: 3,8 t
- Lest: 1,25 t
- Surface de voilure: 71,90 m²
- Grand-voile: 41,60 m²
- Génois: 30,30 m²
- Moteur: IB 18 ch Diesel

Du coup, les marins ont éprouvé quelques difficultés à apprivoiser le volage et pointu *Farr 30*, son remplaçant en 1999. C'est d'ailleurs au début des années deux mille que les *JOD 35* délaissés par l'épreuve reine ont connu leurs heures de gloire au Spi Ouest France et autres régates. Ils ont été prisés également par les équipages en double et les solitaires.

Reconnaissons qu'en plus d'un design novateur – rouf de couleur et hublot/arceau panoramique –, le franc-bord est rassurant, le plan de pont simple et l'accastillage bien placé.

Quant aux emménagements, mis à part la capacité en eau vraiment juste, à peine 30 litres, et la soute avant, ils ont tout des emménagements d'un croiseur. Il est même possible de mettre en place une couchette double sous le cockpit. Certaines unités ont été reconditionnées avec succès par un programme de grande croisière rapide en équipage réduit. Ah, les voiliers bien nés…

1992

First 210

Insubmersible et incroyablement marin

Retour aux fondamentaux

Le vocable *Spirit* des tout premiers modèles donne le ton : Bénéteau cherche à renouer avec les fondamentaux *First*. Coque robuste entièrement contre-moulée, appendices et gréement soignés, emménagements dépouillés – même s'ils se sont embourgeoisés ensuite au fil des évolutions – le *First 210* est bien un pur voilier, pas une caravane flottante !

Un cas unique chez les grands chantiers ! Le *First 210* (en tout cas sa coque…) est présent dans les catalogues de Bénéteau depuis 1992. À croire qu'on n'a jamais fait mieux depuis, plus de 2 500 exemplaires plus tard.

Les raisons de ce succès ? Un dessin moderne inspiré des *Mini 6,50* avec une étrave presque droite, une carène raide à la toile et performante, une grande facilité d'utilisation et des emménagements clairs et volumineux qui offrent tout de même 1,56 m de hauteur sous barrots et un capot coulissant qu'on peut basculer – voire démonter par grand beau temps. Bref, que pourrait-on imaginer de mieux sans s'affranchir du gabarit routier ? Du coup, au fil des années, le *210* a connu quelques évolutions minimes, histoire que le chantier fasse mine de lui donner un coup de jeune de temps en temps… Quelques évolutions techniques tout de même avec des safrans qui se remontent, à partir de 1996. La finition Yacht Club apporte la même année une petite touche de confort bienvenue.

En 1998, le *First 211* se présente comme une évolution plus cossue avec une baille à mouillage, des vrais coffres de cockpit fermés et un gréement légèrement revu, avec barre de flèches plus poussantes et points de tire de foc plus écartés. Puis le chantier adopte un accastillage Harken de qualité. Le *21.7*, apparu en 2005, n'apporte pas grand-chose si ce n'est un intérieur plus soigné. Il perd même ses rotules inox de safran réglables et la possibilité de changer sans grutage la noix bronze du mécanisme de relevage de quille à l'échouage – la vis sans fin est montée à l'envers. Quant au *21.7s*, il abandonne l'insubmersibilité (et donc la dérogation pour naviguer au large sans radeau) contre plus de volumes de rangements et des couchages plus grands.

FRA
21566
FRA 21566

Dommage, car ce petit *First*, particulièrement marin, est un excellent support pour s'essayer à quelques grandes virées. **En solo ou à deux, il peut vous emmener loin dans de bonnes conditions de sécurité et tenir des moyennes très honorables**. Pour ce programme – ces versions « moussées » sont homologuées en catégorie B –, l'insubmersibilité reste un plus évident, dommage de s'en passer. La carène Finot a connu une dernière évolution sous le vocable *First 20*.

Cette fois, pour les 20 ans de la série, c'est le gréement qui a été modifié : l'espar, un peu plus court, devient auto-porté et se passe de pataras. La grand-voile gagne une corne, le foc est plus petit... mais on ne peut plus reprendre à loisir la tension de l'étai. Le gel coat a d'abord été décliné en bleu, puis blanc, jaune, bleu marine et enfin gris clair.

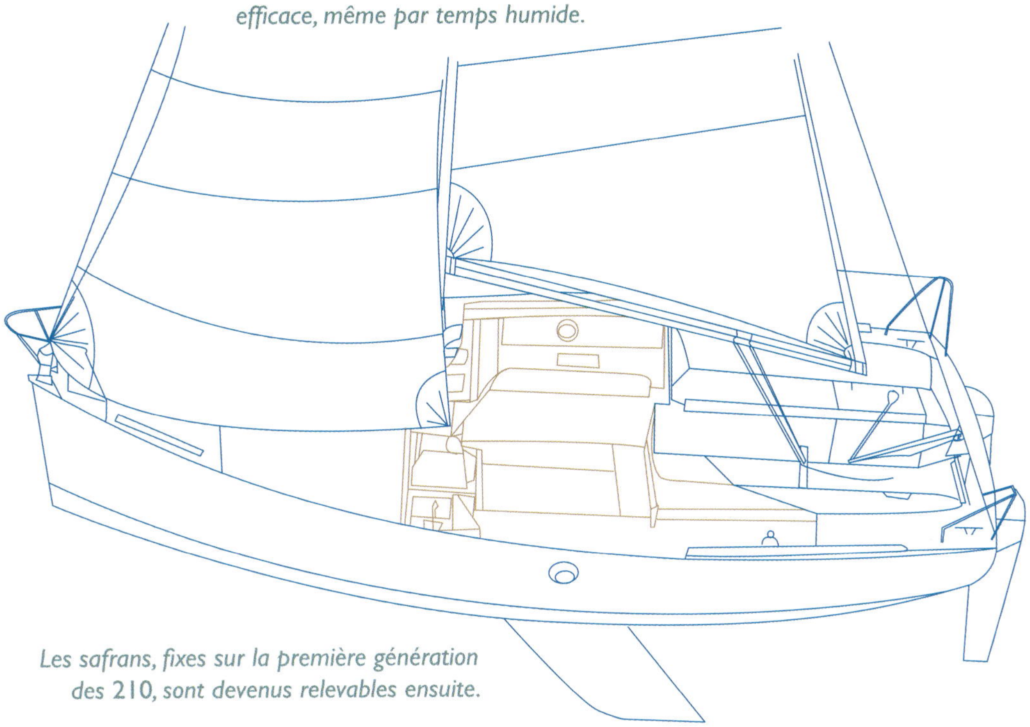

L'antidérapant à picot est particulièrement efficace, même par temps humide.

Les safrans, fixes sur la première génération des 210, sont devenus relevables ensuite.

Caractéristiques du *First 210*

- Constructeur : Bénéteau
- 2500 exemplaires depuis 1992
- Matériau : polyester
- Architecte : groupe Finot
- Longueur de coque : 6,20 m
- Longueur à la flottaison : 6,00 m
- Largeur : 2,48 m
- Tirant d'eau : 0,70/1,80 m
- Déplacement lège : 1,10 t
- Lest : 0,35 t
- Surface de grand-voile : 13,00 m²
- Surface de génois : 11,40 m²
- Moteur : HB 5 à 8 ch

1993

J 80

Le monotype le plus actif du monde !

Spi asy et cockpit XXL

Au début des années quatre-vingt-dix, les monotypes ne sont pas nombreux à arborer un spi asymétrique. Le *J 80* ne fait pas dans la dentelle avec sa bulle nylon et son bout-dehors carbone de 1,90 m. Au portant, ça décoiffe, sensations garanties !

Le safran n'est pas suspendu sous la voûte mais solidaire du tableau arrière.

Réalisé en carbone, l'espar est rétractable. On le met en place depuis le cockpit.

Ce monotype lancé aux États-Unis avait au début des années quatre-vingt-dix un double programme : officier comme day boat idéal sur les plans d'eau abrités et les lacs, mais aussi remplacer en douceur le *J 24* vieillissant. Ce dernier, avec ses 6 000 exemplaires construits, n'allait pas, évidemment, disparaître du jour au lendemain. Mais le *J 80* a quelques arguments pour s'imposer… Tout d'abord, il reste classique en termes de design. Et ça, de l'autre côté de l'Atlantique, c'est important. Nos plats à barbe, très peu pour eux. Sur le plan du design, donc, rien de très innovant avec une étrave inclinée, un tableau droit, un rouf discret et enfin un plan de voilure très raisonnable. En revanche, **la construction est très robuste et soignée, le déplacement ne dépasse pas 1 400 kg et le rapport de lest atteint 48 %, une valeur inédite sur nos croiseurs et racers actuels**. Là où le *J 80* devient vraiment amusant, c'est au portant. **Le spi triradial du *24* n'est plus qu'un lointain souvenir, place à une énorme bulle asymétrique de 65 m² amurée à deux mètres de l'étrave.** Certes, on est contraint de tirer des grands bords de largue pour descendre dans le vent, mais on se régale ! Le bateau devient, malgré sa carène plutôt sage, un cheval fou qui ne cesse de planer. Avec deux énormes gerbes de part et d'autre du rouf, l'équipage est copieusement rincé, vous êtes prévenus… mais quand on atteint les 20 nœuds, quelle importance ? **Autre point fort du *J 80*, son plan de pont. Incroyablement dépouillé, il offre des passavants bien dégagés, un immense cockpit à un seul niveau et un accastillage si bien pensé que même une équipe novice prend en main le bateau en quelques dizaines de minutes.** Grâce à sa bonne raideur à la toile et à la bonne tenue du gréement, les pires figures de style

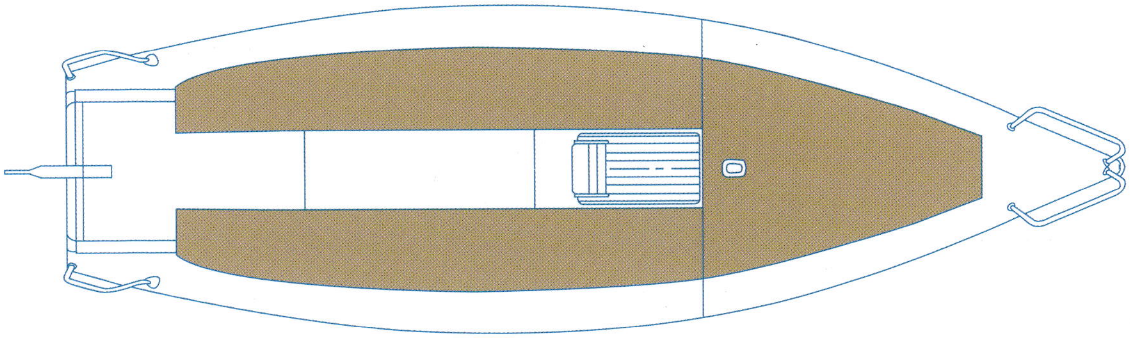

Dans la cabine, le strict minimum pour passer une nuit à bord.

Caractéristiques du *J 80*

- Constructeur : J Composites
- 2 000 exemplaires depuis 1993
- Matériau : sandwich polyester
- Architecte : Rod Johnstone
- Longueur de coque : 8,00 m
- Longueur à la flottaison : 6,70 m
- Largeur : 2,49 m
- Tirant d'eau : 1,60 m
- Déplacement lège : 1,4 t
- Lest : 0,67 t
- Surface de grand-voile : 20,00 m²
- Surface de génois : 14,5 m²
- Moteur : HB 4 ch

se terminent sans casse. On choque tout, on se remet en place et c'est reparti ! Le *J 80* est parvenu à s'imposer en France où chaque grand rassemblement regroupe désormais plus de 100 bateaux. Inutile de préciser que le niveau est donc très, très relevé… Ce monotype a également séduit de nombreux clubs de voile. Les emménagements, certes rustiques, offrent tout de même quatre vraies couchettes : passer une nuit à bord est donc possible. De nombreux régatiers utilisent d'ailleurs leur coursier pour tout simplement se promener en équipage réduit par beau temps.

1994

First 300 spirit

Revenir à l'essentiel

Le bon compromis

Même si le *300 spirit* profite de ses 9 mètres de coque pour caser aisément une cabine arrière de belle taille – il n'y en a pas sur le *260* –, c'est sans doute le modèle qui respecte le plus le concept défendu par cette gamme, à savoir retrouver le plaisir de naviguer, débarrassé de tout confort et gadget « inutile ». Un message bien reçu sur les deux plus petits modèles, qui était plus difficile à faire passer sur un 30 pieds…

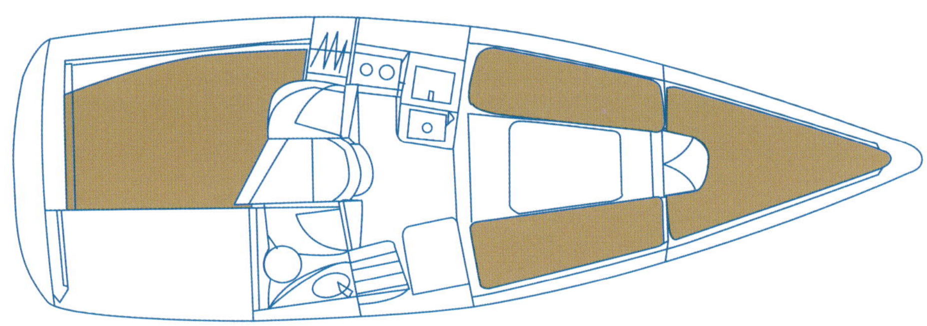

Dans la famille *Spirit*, voici le dernier né et le plus grand, le *300*. Ses petits frères le *210* et le *260* lancé en 1995, ont donné le ton, d'abord avec leur gel coat bleu, mais surtout avec une philosophie inédite : **retour aux sources, au plaisir de la voile pure, sans chichis et gadgets. Un pari osé à une époque où les plaisanciers, au contraire, semblent exprimer une demande de confort sans cesse supérieure**. Eau chaude, moteur plus puissant, franc-bord et rouf plus élevés pour du volume encore et encore… De fait, la hauteur sous barrots limitée à 1,70 m et la couchette avant étriquée par les entrées d'eau très fines ont quelque peu bridé les ambitions du *300 spirit*. Vendu à 225 exemplaires pendant trois ans, il est bien loin des records du *210* et du *260*. Lesquels, s'ils ont été quelque peu modifiés depuis leur lancement, sont de surcroît toujours au catalogue du chantier ! C'est parce que le Groupe Finot a d'abord dessiné une superbe carène avec une étrave droite agressive et emménagé la coque ensuite – et non l'inverse comme les architectes le font désormais sans trop de remords. Pourtant, mis à part cette fameuse couchette avant étroite aux pieds et la hauteur sous barrots inférieure, il est vrai, à celle de la plupart des croiseurs de même taille, on découvre une belle cabine arrière sous le cockpit, une cuisine en L réussie, une table à cartes dans le sens de la marche et un carré convivial. On peut même s'y installer à six. **Mais les deux points forts du *300* sont ailleurs… Le plan de pont pour commencer. Circulation fluide jusqu'à l'étrave, cockpit large et confortable à la gîte, accastillage qui tombe sous la main : rien à redire à l'exception de la microjupe arrière, trop embryonnaire pour apporter un véritable agrément à l'heure de la baignade**.

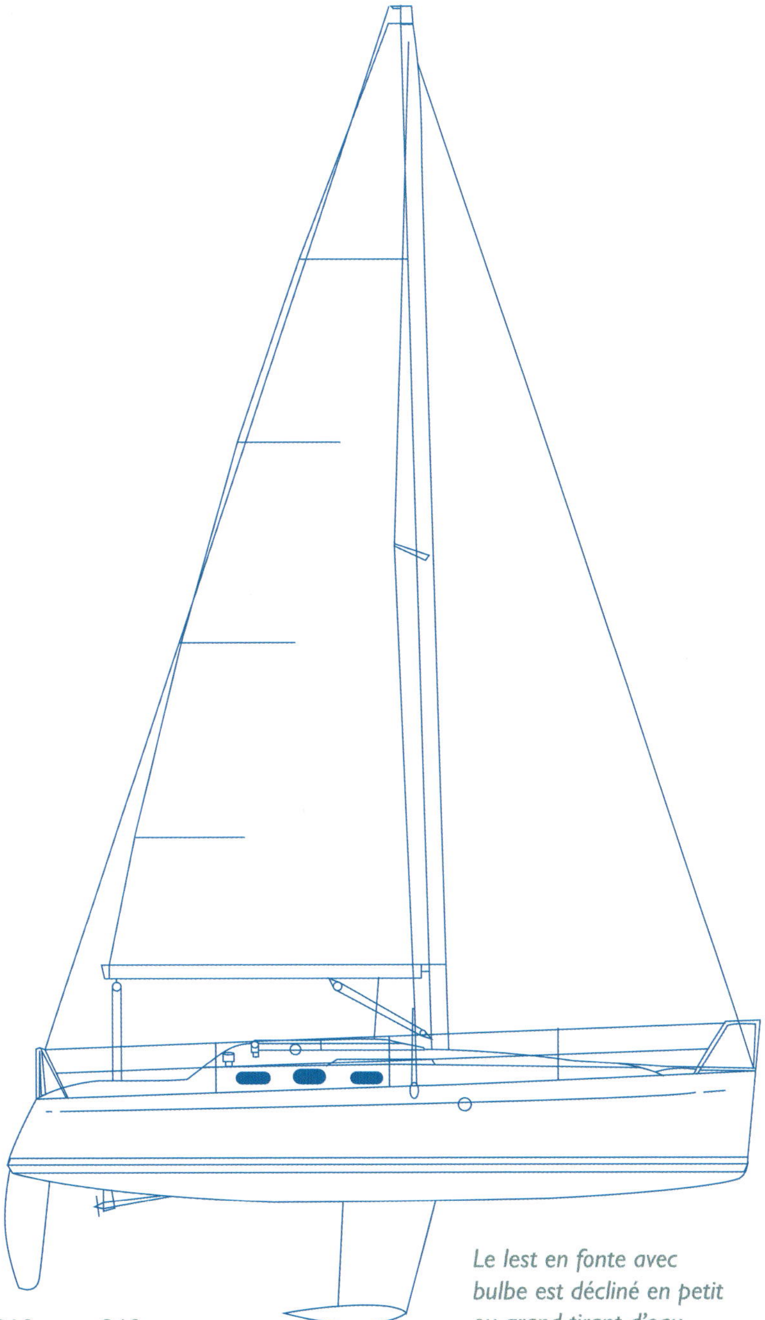

Une seule pelle
contre deux au First 210 et au 260…
mais profonde et plutôt large, elle ne
décroche qu'aux angles extrêmes de gîte.

Le lest en fonte avec
bulbe est décliné en petit
ou grand tirant d'eau.

Caractéristiques du *First 300 spirit*

- Constructeur: Bénéteau
- 225 exemplaires depuis 1994 à 1997
- Matériau: polyester
- Architecte: Groupe Finot
- Longueur de coque: 8,98 m
- Longueur à la flottaison: 8,86 m
- Largeur: 2,98 m
- Tirant d'eau: 1,45 ou 1,82 m
- Déplacement lège: 3,2 t
- Lest: 1,05 t
- Surface de grand-voile: 25,40 m²
- Surface de génois: 25,60 m²
- Moteur: IB 9 ou 18 ch Diesel

Ensuite le grand *Spirit* est un voilier particulièrement convaincant sous voiles. Bien toilé, facile à manœuvrer avec son solent à faible recouvrement – attention quand même, cette voile étroite demande un réglage fin pour donner le meilleur au louvoyage –, bien lesté, le *300* démarre à la moindre risée et ne demande ensuite qu'à accélérer. À la gîte, la carène reste bien équilibrée, elle sollicite peu le barreur ou le pilote automatique. Vu le potentiel de la carène, il serait dommage de la brider avec le lest court et/ou une hélice fixe. « Revenir à l'essentiel », comme l'écrivait le Groupe Finot, c'est également ne pas céder à la tentation du compromis, toujours préjudiciable aux performances !

Mac Gregor 26 X

Voile ou moteur ? Les deux !

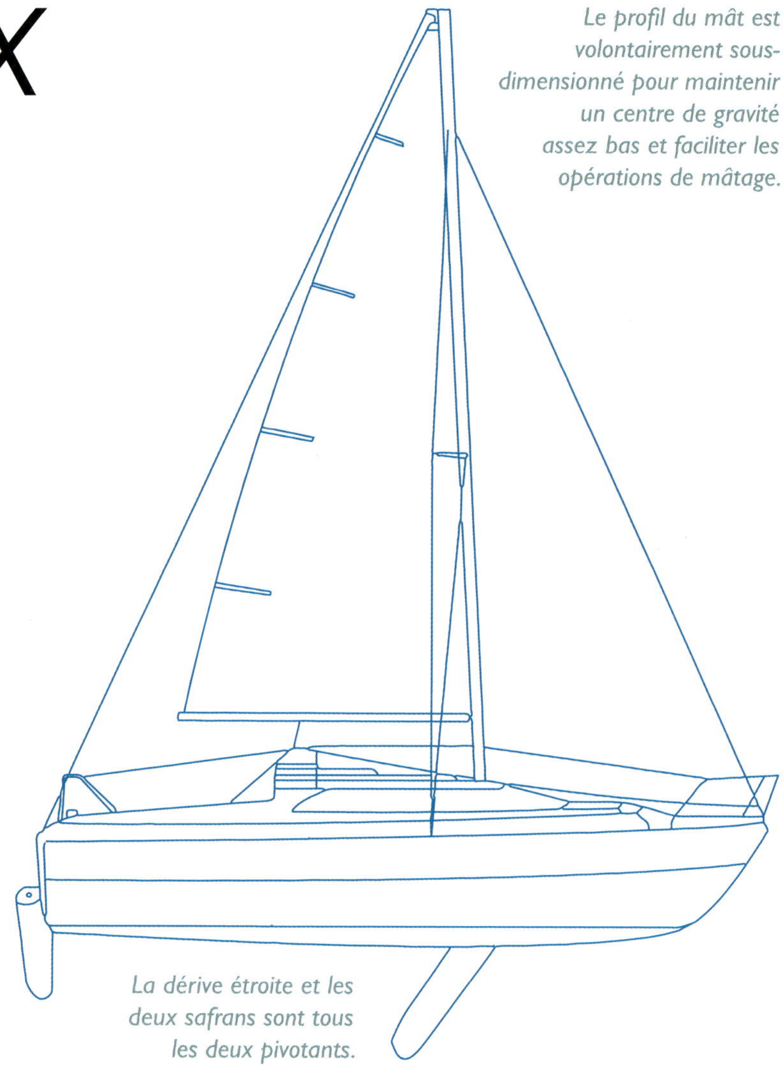

Le profil du mât est volontairement sous-dimensionné pour maintenir un centre de gravité assez bas et faciliter les opérations de mâtage.

La dérive étroite et les deux safrans sont tous les deux pivotants.

Un concept révolutionnaire

Une carène de vedette ou presque, une motorisation ultra-puissante, un ballast liquide pour limiter le déplacement du bateau sur la route, des emménagements dignes d'un neuf mètres, le *Mac Gregor 26 X* offre une vision de la plaisance absolument inédite.

Depuis son lancement il y a plus de 20 ans, le *Mac Gregor 26 X* a volontiers été le sujet des railleries des plaisanciers puristes. Vedette à voile, caravane flottante et autres vocables peu flatteurs ont souvent accompagné les sorties sur l'eau de ce drôle de bateau, mi-vedette, mi-voilier. Et pourtant… **en 7 ans, pas moins de 4 500 exemplaires ont été vendus dans le monde ! Aucun voilier habitable – appelons-le ainsi, après tout, il arbore bien une grand-voile et un foc – n'a été produit à près de 650 exemplaires par an**. Preuve qu'il existe bien un marché pour ces modèles, simples à utiliser, confortables, tractables sur route et fortement motorisés. En France, Dufour s'y est essayé avec son *Duo*, sans succès. Pourtant, 200 *Mac Gregor* ont été vendus dans le pays. Quel est le secret du *26 X* ? Pourquoi la grande majorité de ses propriétaires en sont ravis ou presque ? D'abord parce qu'**il revisite de fond en comble le concept de la croisière**. Avec lui, si le vent est faible, trop fort et surtout contraire à la route, sans aucun complexe, on démarre le moteur et on file avec le 75 chevaux à plus de 20 nœuds vers la destination. Les *Mac Gregor* les plus motorisés, en gros au-dessus de 20 ch, réclament un permis moteur. Mais ils sont capables de tracter un skieur ! C'est sûr qu'à cette vitesse, vous serez vite rentrés à l'abri en cas de mauvais temps impromptu… et à peu près certains de ne pas rater votre train si vous êtes venus naviguer juste pour le week-end.

Dès lors, les performances par petit temps, le cap au près, on s'en fiche un peu. Mais notez que le *26 X* n'est pas ridicule par vent médium ; il atteint relativement les 5/6 nœuds au travers par 15 nœuds de vent. Ses appendices pivotants se prêtent parfaitement à l'échouage – seulement 23 cm d'eau – et facilitent le transport, d'autant que le système de ballast liquide allège le bateau de 680 kg. Certes,

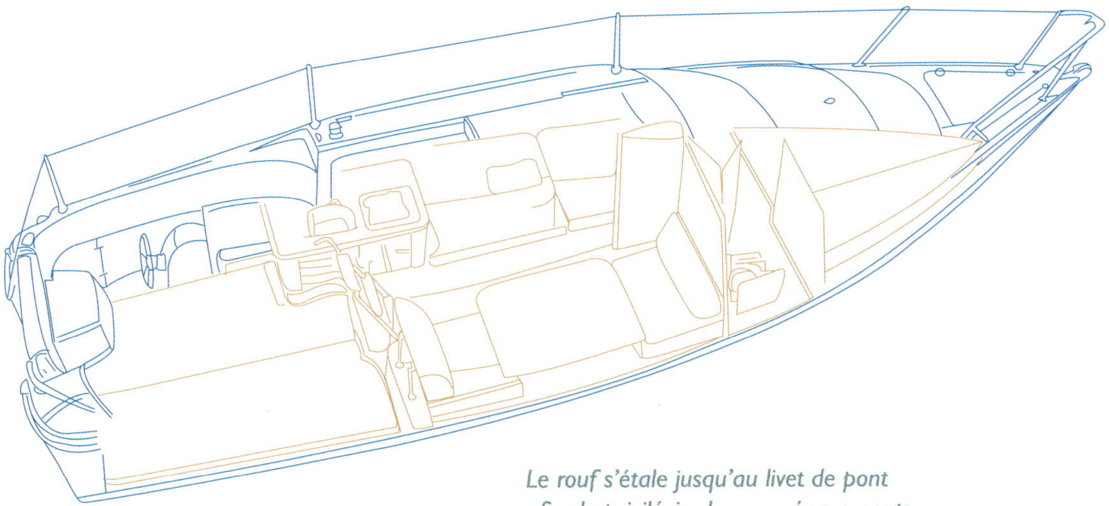

Le rouf s'étale jusqu'au livet de pont afin de privilégier les emménagements. Mais les déplacements ne sont pas pour autant problématiques.

Caractéristiques du *Mac gregor 26 X*

- Constructeurs : Mac Gregor, Axel Marine
- 4 500 exemplaires de 1995 à 2002
- Matériau : polyester
- Architecte : Roger Mac Gregor
- Longueur de coque : 7,87 m
- Longueur à la flottaison : 7,00 m
- Largeur : 2,36 m
- Tirant d'eau : 0,23/1,68 m
- Déplacement lège : 1,02/1,7 t
- Lest : 0,68 t
- Surface de grand-voile : 14,00 m^2
- Surface de génois : 19 m^2
- Moteur : HB 10 à 75 ch

malgré un gréement relativement court et léger, à ne pas trop solliciter, le centre de gravité reste assez haut. Le plan de pont est fréquentable malgré de nombreux endroits glissants par temps humide. Le grand cockpit adopte une console centrale avec barre à roue et commandes moteur. Un panneau amovible permet d'accéder au tableau arrière. À l'intérieur, une cuisine à l'américaine (évidemment !) le long du bordé, un carré dînette convertible à tribord, un cabinet de toilette et deux couchettes doubles. Celle qui se glisse sous le cockpit est immense ; elle occupe toute la largeur de la coque.

CE QU'EN DISENT LES CONSTRUCTEURS

Pierrick de Kervénoaël
Responsable du chantier Espace Vag

Basé à Concarneau en Bretagne, Espace Vag est né en 1989. Spécialisé dans la construction de bateaux composite et contre-plaqué, réparation de bateaux, peinture-coque, le chantier lance l'IKone en 2002. En 2009, Pierrick de Kervénoaël reprend les rênes. Le chef d'entreprise mise sur l'IKone J et surtout lance, en 2015, l'IKone 7,50, élu Voilier de l'année.

Quelles sont les principales innovations dans les voiliers depuis 50 ans ?

L'augmentation conséquente de la largeur des voiliers ce qui a accru les performances, l'habitabilité et le confort à taille identique. La simplification des manœuvres (enrouleur, prise de ris, winch self-tailing, pilote auto...). La simplification de la navigation grâce à l'électronique (GPS traceur...). Le confort des vêtements de mer.

Quelles sont les innovations apportées par Espace Vag ?

Essentiellement le travail du chantier avec Julien Marin sur le gréement catboat, ce qui a permis de réaliser l'*Ikone*, un pêche-promenade vraiment simple d'utilisation, permettant de régler très facilement sa vitesse à la voile.
L'*Ikone J Rando*, un véritable voilier transportable, marin, « habitable » et ludique. Le seul voilier capable d'être mis à l'eau complètement gréé et de partir à la voile en moins de 10 minutes, soit le même temps qu'un semi-rigide !
L'*Ikone 7.50*, un croiseur de moins de 8 mètres qui a tout d'un grand de 30 pieds : confort, habitabilité, performance et qualités marines, mais dans le même temps la facilité d'un petit voilier de 26 pieds... soit facilité de manœuvre, échouage, évolutivité à voile ou au moteur, faible budget annuel d'entretien.

Quel est l'apport - architectural, technologique, design, performances, ergonomie ou encore confort - de *l'Ikone J* ?

C'est un bateau génial pour aller d'un plan d'eau à un autre - un client a été dans la même année à Venise, à Cinque Terre, en Corse et sur le lac de Côme. Facile et ludique, il plane avec 15 nœuds de vent et déboule à 15 nœuds. Marin, il est capable d'aller à Yeu, faire le tour de Houat ou Belle-île. Il est également aisé à transporter - avec moins de 750 kg, on peut rouler assez vite - et très facile d'entretien. Il présente enfin un grand cockpit pour naviguer confortablement la journée et une cabine relativement spacieuse pour le bivouac.

Les autres bateaux

1986
1995

▸ 1986

First 235
Sans doute l'un des plus réussis des gros croiseurs transportables. Très performant, élégant, habitable... Il a tout pour séduire.

Feeling 1 090
Faire mieux que le *1040*, c'est le défi relevé par le *1090*, qui lui emprunte son gréement Racing et adopte un rouf panoramique. Un best-seller dont on se souvient encore !

▸ 1987

_X-372_
Sans doute un des *X* les plus polyvalents : confortable et facile en croisière, intouchable en course – à vous de le préparer selon votre façon de naviguer !

▸ 1988

Maldives 32
Dépouillé et efficace, ce catamaran privilégie une ambiance roots. Pas de Diesel, mais d'excellentes sensations à la barre !

Privilège 12 m
Le premier des *Privilège* adopte le fameux rostre central où peut se nicher une belle cabine propriétaire.

▸ 1989

_RM 900_
Biquille, rouf panoramique et coque en contre-plaqué époxy, le *900* démarre la fameuse série des *RM*.

▸ 1990

Freydis 46
Sans doute un des modèles les plus aboutis d'Erik Lerouge. Cette machine à avaler des milles sait se montrer confortable en mer et au mouillage.

▸ 1991

Sun Odyssey 47
Une carène Philippe Briand très réussie et des emménagements séduisants. Un grand croiseur qui reste dans le coup. Il a été décliné en cockpit central (CC) en 1994.

▸ 1992

Ovni 47
Un vrai baroudeur capable de s'aventurer en Patagonie, mais également de se glisser dans les lagons peu profonds de Polynésie.

Hélium
Un monotype très soigné dont le plan de voilure a été étudié par Bertrand Chéret, grand spécialiste en la matière. Plaisir de barre garanti.

▸ 1993

Cigale 16
C'est la version avec carré arrière du *Lévrier 16*. Il conserve un plan de voilure imposant et une coque en aluminium large et planante.

Melges 24
Le monotype de régate vu par les Américains. Des lignes plutôt classiques, mais un poids plume et un spi énorme pour voler à 25 nœuds !

▸ 1994

Gib'Sea 414
Élu Bateau de l'année en 1995, ce plan Rob Humphreys s'est illustré en course et conserve une très jolie silhouette.

Blue Djinn
Il reprend une carène de *Micro*, adopte un plan de voilure très simple et un tirant d'eau mini. Les bonnes recettes pour le cabotage en famille !

▸ 1995

Outremer 38
c'est le *40*, en moins large et plus dépouillé encore. Deux versions de rouf pour un bolide transocéanique.

First 260
Le grand frère du *210* fait l'impasse sur la cabine arrière pour faire des qualités marines sa priorité. Un pari à contre-courant qui réussit : il est toujours au catalogue plus de 20 ans après son lancement.

1996 -

- 2005

1996

Sprinto

Le monotype pour tous

La glisse sans se ruiner

Grâce à sa conception simple sans matériaux exotiques ni carbone dans le gréement, le *Sprinto* s'impose comme un petit monotype accessible. Proche d'un dériveur léger, il est aisé à gréer et à transporter tout en offrant des vraies sensations de glisse. On en redemande !

Un grand day boat simple et performant : voilà le monotype que présente le chantier Archambault, grand spécialiste des voiliers amusants et rapides – on lui doit le fameux *Surprise* – en 1996. Sans connaître un engouement spectaculaire, le *Sprinto* s'est imposé sur certains plans d'eau, protégés de préférence. Il reste en effet une petite unité peu armée pour les mers ouvertes. **Son point fort, c'est de ne pas avoir cédé à la tentation du tout high-tech.** Les matériaux utilisés restent le polyester et l'aluminium et la conception générale, très simple, rappelle le dériveur léger, plutôt *Laser* que *505*. **Du coup, il est très accessible : un équipage débutant prendra rapidement ses marques. Idem financièrement bien sûr...**

Le *Sprinto* présente une carène très soignée avec des entrées d'eau très fines et des flancs tulipés – ils assurent une relative protection des embruns. Les formes arrière bien plates et porteuses favorisent le planning. Très léger et bien toilé, le *Sprinto* marche comme un avion dès les premières risées. D'autant que la jauge autorise désormais une grand-voile à corne. Par vent fort, le double trapèze permet de tenir la bête et surtout de tenir le grand spi asymétrique porté désormais à 40 m². Dans les conditions limites – au-dessus de 25 nœuds réels –, le dériveur montre ses limites : sa raideur limitée aux grands angles de gîte réclame un certain savoir-faire pour ne pas se laisser embarquer par une grosse rafale et lors des empannages. La version quille relevable, qui concentre son lest bien

plus bas grâce à son bulbe, est bien plus tolérante. L'accastillage, très simple, colle parfaitement à l'esprit du bateau. Le cockpit immense peut accueillir jusqu'à six gaillards. Si le *Sprinto* est avant tout un petit racer, il convient parfaitement aux sorties familiales à la journée, voire au petit cabotage. Son très faible tirant d'eau et sa jupe arrière sont une invitation à se beacher sur une plage ou un banc de sable abrité du clapot.

La petite cabine, avec seulement 1,15 m de hauteur sous barrots, est symbolique. Pas de hublots, aucun élément de confort, mais tout de même quatre couchettes. La fermeture récente des portes du chantier Archambault a stoppé la production du *Sprinto*... mais la série pourrait être tout prochainement relancée, tout comme le *Surprise*, le *Grand Surprise* et le très réussi *A 35*.

FRA
34554

Caractéristiques du *Sprinto*

- Constructeur : Archambault
- 300 exemplaires de 1996 à 2014
- Matériau : polyester
- Architecte : Joubert/Nivelt
- Longueur de coque : 6,55 m
- Longueur à la flottaison : 6,55 m
- Largeur : 2,30 m
- Tirant d'eau dériveur : 0,20/1,60 m
- Tirant d'eau quille relevable : 0,40/1,30 m
- Déplacement lège dériveur : 0,67 t
- Déplacement lège quille relevable : 0,6 t
- Lest dériveur : 0,275 t
- Lest quille relevable : 0,225 t
- Surface de grand-voile dériveur : 15,50 ou 18,10 m^2
- Surface de grand-voile quillard : 19,50 m^2
- Surface de génois : 14,5 m^2
- Moteur : HB 3 à 6 ch

Le spi asymétrique est amuré sur un long bout-dehors, la surface du soi est passée de 30 à 40 m^2.

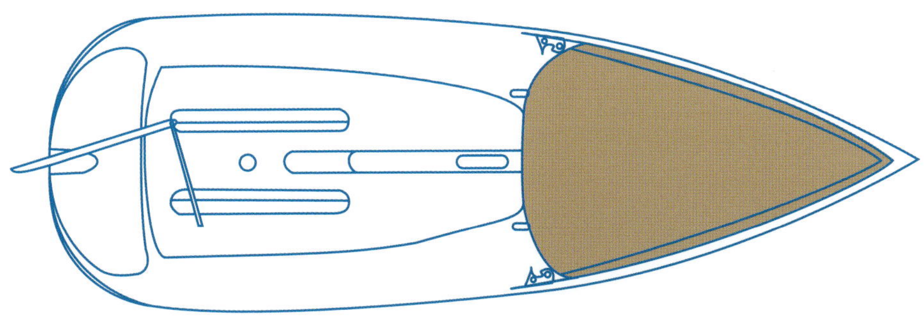

La jupe arrière, rare sur des voiliers de moins de 7 mètres, sera appréciée à l'échouage.

1997

Océanis 411

Grande série pour grande croisière

Relooking gagnant

« Confort, vitesse, sécurité, facilité de manœuvre (...), le groupe Finot a conçu le bateau familial idéal... » Le célèbre cabinet d'architecte ne survend pas son modèle : le *411* n'apporte pas d'avancées spectaculaires dans les domaines techniques ou sur le plan du design. Mais il répond parfaitement, et c'est toujours le cas aujourd'hui, à la demande d'un équipage friand de grande croisière.

Au départ, le *411* n'est qu'un relooking du *400*. Ce dernier, remplaçant de l'*Océanis 390*, a été diffusé à 430 exemplaires de 1992 à 1997. Sauf que le chantier fait un net effort de finition et propose son pack « Clipper », un assortiment d'options quasiment indispensable en croisière, en série. En revanche, le faux-pont du *400* qui recouvre les retours de drisses, véritable nouveauté, disparaît curieusement à bord du *411*.

C'est donc ce modèle optimisé qui devient – et pour longtemps – un des best-sellers des flottes de location. *« Bateau familial idéal »* ? Presque ! Ce *411* est parfait pour bouffer du mille comme pour musarder de mouillage en mouillage. Mais sa ligne – reconnaissons qu'elle reste dans le coup, classicisme aidant – aurait gagné à être un peu plus originale. Ce qui n'a pas empêché à ce volumineux croiseur proposé à un prix serré de goûter à un succès immédiat. **En moins d'un an, 250 *Océanis 411* sont vendus. Au total 1 200 exemplaires d'un voilier qui dépasse les 12 m, c'est un sacré record !** Facile à manœuvrer, confortable, très sain dans la brise – surtout avec son lest profond – et son franc-bord rassurant, le *411* est incontestablement une valeur sûre de la grande croisière. De nombreuses familles l'ont donc adopté, moyennant une bonne préparation TDM – comprenez tour du monde –, pour une virée d'un an ou plus. Au programme, plutôt les destinations chaudes comme les Antilles ou un tour du monde par les *alizés*.

À l'intérieur, si une version US propose deux cabines, la plupart des *411* disposent de trois ou quatre cabines avec cuisine contre le bordé bâbord, table à cartes et carré sur tribord. Tout à l'avant, encore des couchages et le second cabinet de toilette. Les rangements sont bien dimensionnés pour des séjours longue durée. À l'instar de la structure

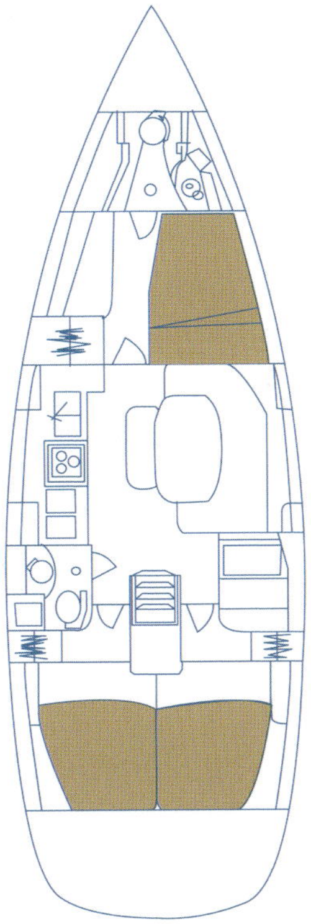

En Europe, le 411 a été diffusé en version trois ou quatre cabines.

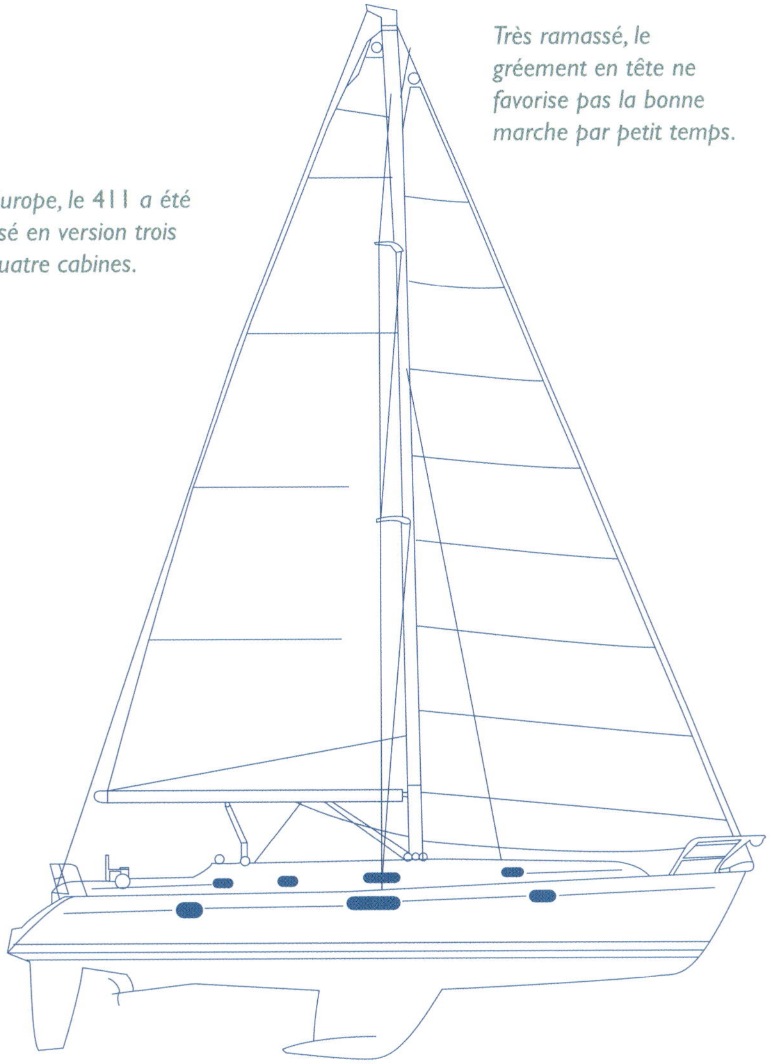

Très ramassé, le gréement en tête ne favorise pas la bonne marche par petit temps.

Caractéristiques du *Océanis 411*

- Constructeur : Bénéteau
- 1 200 exemplaires de 1997 à 2004
- Matériau : polyester
- Architecte : Groupe Finot
- Longueur de coque : 12,30 m
- Longueur à la flottaison : 11,00 m
- Largeur : 3,95 m
- Poids lège : 8,50 t
- Lest : 2,50 t
- Surface de voile : 83,00 m^2
- Grand-voile : 31,50 m^2
- Génois : 51,50 m^2
- Moteur : 49 à 59 ch Diesel

du bateau, la qualité des assemblages et les matériaux utilisés assurent un excellent vieillissement au bateau. Seul défaut de ce modèle : une certaine paresse par petit temps malgré le grand génois à 140 %. Ledit génois de 51,50 m^2 s'avère d'ailleurs exigeant à border plat au près. Une version Performance est là pour gommer la nonchalance du *411* en dessous de 2 Beaufort. L'*Océanis 411* affiche donc tous les standards de la dernière génération de croiseurs de 12 m, excepté la plate-forme arrière basculante, les deux postes de barre et le bouchain arrière. En pratique, on s'en passe très bien !

1998

RM 10,50

Deux quilles pour le voyage

La construction bois a encore son mot à dire

Carène extra-large, construction en contreplaqué époxy à triple bouchain, châssis métallique, rouf panoramique et surtout biquille, le *RM 10,50* réinvente avec bonheur le croiseur hauturier. Il reste une référence chez les 10/11 m.

Il a été lancé par Sysba Marine en 1998 et élu l'année suivante Voilier de l'année par *Voile Magazine*. Le chantier, repris et devenu Fora Marine, fera de ce modèle un grand succès.

Le *RM 10,50* est une révolution à lui tout seul. Avec ses deux quilles et son rouf panoramique, il ne ressemble à rien de connu – si ce n'est à ses deux prédécesseurs, le *800* et le *900*. Son procédé de construction est original : la coque à triple bouchains est réalisée en CP époxy, l'ensemble pont/rouf/cockpit est en polyester et les fameuses quilles – conçues pour supporter les échouages quotidiens – sont reprises sur un châssis métallique, comme sur les *X* danois.

Le *10,50* fait également mentir la réputation des voiliers de voyage qui se traînent en route : la carène très large dessinée par Marc Lombard affiche en effet d'excellentes dispositions aux allures portantes et dans la brise, conditions où il peut dépasser les 10 nœuds s'il n'est pas trop chargé.

En revanche, dans le petit temps clapoteux, au près, les performances décevront les habitués aux voiliers vifs de régate. La surface mouillée est en effet conséquente.

La configuration cotre permet, par vent fort, de gréer une trinquette et ainsi de préserver le génois. Le rouf très court dégage une immense plage avant, très appréciée pour les manœuvres comme pour le farniente par beau temps. Le gréement à fente permet d'adopter un génois avec du recouvrement et facilite la circulation sur les passavants.

Le cockpit particulièrement large est équipé de quatre coffres. Il est complètement ouvert à l'arrière.

RM
DELTA

La barre franche est cohérente avec le programme – plutôt 4x4 que berline m'as-tu vu – et le palan de grand-voile repoussé derrière dégage efficacement l'espace extérieur dédié à l'équipage. La descente franchie, beaucoup de rangements également grâce à une grande soute derrière le coin toilettes et une multitude d'équipets. Le chantier propose un rouf panoramique, une cuisine en U (parfaite pour se caler à la gîte) et une table à cartes face à la route. Un peu plus bas, un carré pour six personnes. Attention au barrotage qui meurtrit volontiers les crânes des plus distraits ! En plus des deux banquettes, deux couchettes de mer sont aménagées le long des bordés. À l'avant, un lit breton. Sous le cockpit, une cabine double. **Le *RM 10,50* est indiscutablement un excellent voilier de haute mer. Paré pour une transat** !

Le gréement, quasi gréé en tête, adopte un bas étai et un haubanage latéral à fente.

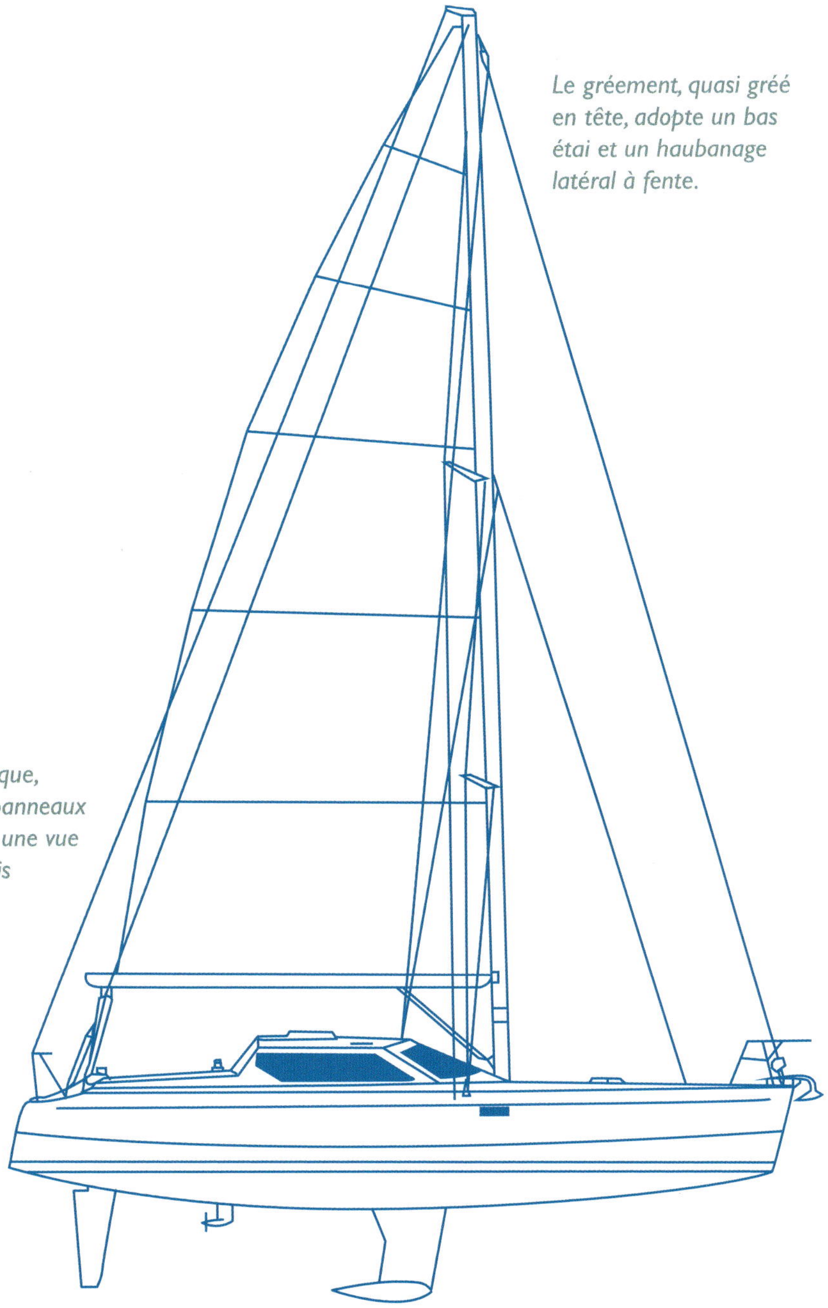

Le rouf panoramique, avec ses grands panneaux fronteaux, assure une vue sur la route depuis l'intérieur.

Caractéristiques du *RM 10,50*

- Constructeurs : Sysba Marine, Fora Marine
- 115 exemplaires de 1998 à 2011
- Matériau : bois époxy
- Architecte : Marc Lombard
- Longueur de coque : 10,50 m
- Longueur à la flottaison : 9,80 m
- Largeur : 3,90 m
- Tirant d'eau : 1,60 m
- Déplacement lège : 4,7 t
- Lest : 1,8 t
- Surface de grand-voile : 36 m²
- Surface de génois : 34 m²
- Moteur : IB 20 à 30 ch Diesel

Le lit breton qui poursuit le carré vers l'étrave apporte une sensation de volume inédite à bord d'un 35 pieds.

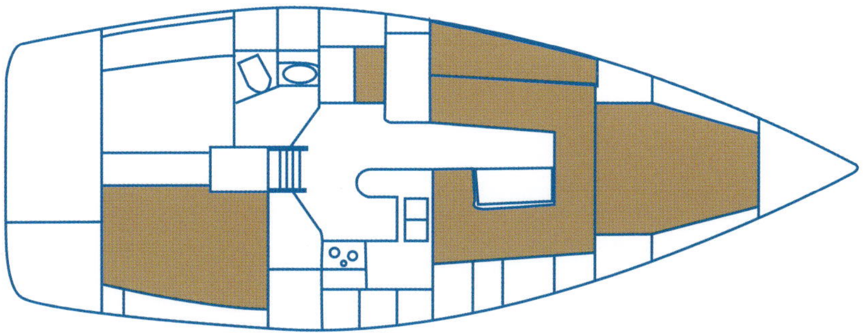

1999

Pogo 850

On se refait une petite transat ?

Les recettes de la course pour la croisière

Le *Pogo 850* est le premier croiseur de série à s'inspirer directement des Mini 6,50 et autres 60 pieds Open. Étrave droite, carène planante extra-large, rouf compact, il propose aux régatiers comme aux amateurs de croisière de profiter des acquis de la course au large. Plus de 15 ans après son lancement, ce *Pogo* reste toujours aussi séduisant…

Ce *Pogo* est certainement l'un ces voiliers les plus marquants de cet ouvrage. C'est la raison pour laquelle nous avons sélectionné, à titre exceptionnel, deux bateaux pour ce millésime 2000, décidément très inspirant (voir aussi pages 130-131, 150-153). En reprenant les carènes larges avec longueur à la flottaison maximale des unités de course, il offre aux plaisanciers des possibilités de navigation inédites jusqu'alors pour une coque de 8,50 m seulement. D'accord, cette luge, tout juste remplacée par le *Pogo 30*, n'est plus dans le coup dans les courses IRC comme la Transquadra et reste très typée portant. Car c'est bien au large que le *850* a fait ses preuves. Insubmersible, c'est le plus petit voilier homologué en catégorie A. Ce qui lui ouvre les portes des navigations les plus longues. Sa construction et son gréement très robustes en font une unité très sûre… et durable ! Raison de plus pour s'intéresser à ce plan Rolland particulièrement bien né. Raide à la toile et stable de route, le *Pogo 850* est plébiscité par les navigateurs solitaires. Il est également capable d'encaisser les pires bastons au près et de planer bon train à 17 nœuds au portant, à la faveur d'une houle consistante. Le chantier a fait évoluer son modèle fétiche avec un spi asymétrique amuré sur un bout-dehors et une grand-voile à corne. Le plan de pont est fluide, avec des passavants extra-larges, un cockpit à un seul étage qui intègre un vaste décrochement pour le barreur et un accastillage costaud et bien placé. Les emménagements, grâce à l'impressionnante largeur de la coque, 3,60 m tout de même, offrent un volume inédit pour un voilier de moins de neuf mètres. En revanche, n'attendez pas des finitions coquettes : à bord, c'est du pratique et c'est rustique, à l'image des varangues apparentes en lieu et place des planchers…

> **Caractéristiques du *Pogo 850***
> - Constructeur : Structures
> - Matériau : polyester
> - Architecte : Pierre Rolland
> - 219 exemplaires de 2000 à 2010
> - Longueur : 8,5 m
> - Longueur à la flottaison : 8,3 m
> - Bau maxi : 3,6 m
> - Tirant d'eau : 1,75 m
> - Poids : 2 800 kg
> - Lest : 850 kg
> - Grand-voile : 26 m²
> - Génois : 27 m²
> - Spi : 74 m²
> - Moteur : IB 10 ch Diesel

Le prix de la légèreté, de la rigidité, et donc de la vitesse. Mais également la garantie d'un excellent vieillissement de l'ensemble. **Il n'y a qu'à observer la cote de l'occasion du *8,50* pour s'en convaincre : ce modèle est certainement l'un des meilleurs placements !**

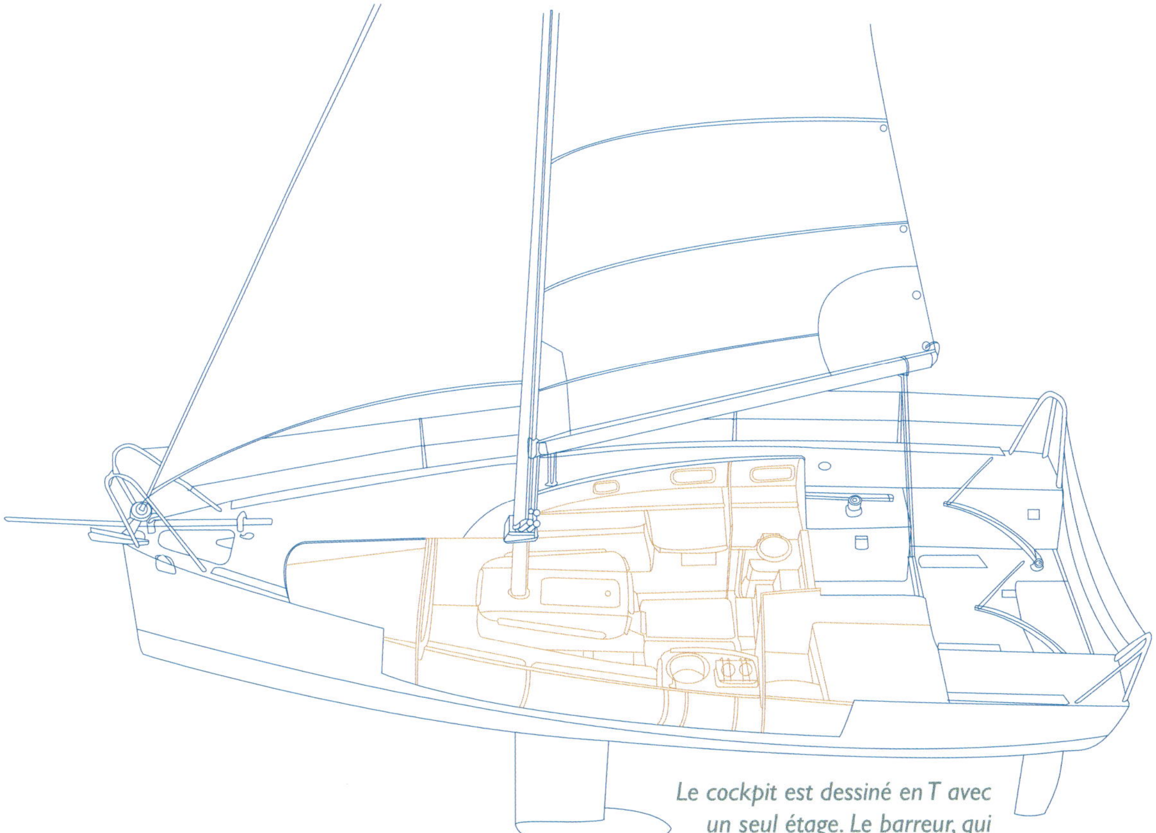

Le cockpit est dessiné en T avec un seul étage. Le barreur, qui dispose de deux barres franches, s'installe directement sur l'hiloire.

CE QU'EN DISENT LES CONSTRUCTEURS

Martin Lepoutre
Responsable du chantier Fora Marine

Les RM sont connus depuis bientôt 30 ans – le 900, premier du nom, est sorti en 1989. Biquille, coque en contreplaqué à bouchains, rouf panoramique, ces voiliers baroudeurs sont atypiques et… efficaces. Martin Lepoutre a repris le chantier au début des années deux mille. Sous son impulsion, les nouveautés se succèdent rapidement et les ventes décollent. Et plus que jamais, comme il le souligne volontiers, ses RM racontent une histoire.

Quelles sont les principales innovations dans les voiliers depuis 50 ans ?

Auparavant, on ne savait jamais vraiment où nous étions (gonio, méridienne au sextant, etc.). Aujourd'hui nous avons des GPS traceurs d'une précision fabuleuse.
On passait aussi beaucoup de temps à changer les voiles d'avant : l'apparition des enrouleurs nous a fait oublier ces moments périlleux et humides. Enfin, on vivait dans des espaces très petits à l'extérieur (cockpits), et à l'intérieur. les bateaux actuels sont beaucoup plus larges, plus spacieux.

Quelles sont les évolutions apportées par le chantier *RM* ?

Maîtrise, formalisation, et industrialisation de la construction en C.P. époxy jusqu'alors réservée à une construction artisanale. Aujourd'hui RM fait partie des 5 premiers constructeurs français de monocoques.
Nous avons la capacité de proposer les avantages d'un voilier biquille (faible tirant d'eau, possibilité de se poser), avec des performances élevées (merci Marc Lombard !).
Nous avons aussi cassé les codes habituels du design intérieur et extérieur d'un voilier de croisière, en osant la modernité, les lignes tendues, la clarté, etc.

Quels sont les apports du *RM 10,50* ?

Ce bateau, présenté en 1999, a été une véritable révolution. Il est resté sur le marché jusqu'en 2010 (11 ans : on en rêverait) et a été produit à 113 exemplaires.
Il est le premier voilier de croisière hauturière en CP époxy « moderne ». Il préfigurait les évolutions très fortes des futurs *RM* : carène large et puissante, design agressif, luminosité intérieure et visibilité à 180°, gréement de cotre, performances élevées, structure en acier pour la tenue des quilles.

Rendez-vous pages 114 à 117 pour en savoir plus sur le RM 10,50.

Focus 2000

La facilité de manœuvres d'abord, et le boom du catamaran ensuite

À observer les trouvailles que s'ingénient à développer chantiers et équipementiers, on pourrait se dire que la voile est une discipline bien difficile. Résumons : le guideau, auparavant réservé aux unités de plus de 10/12 m, est proposé en option dès 8/9 m. L'enrouleur de génois s'est quasiment imposé à bord de tous les voiliers. Celui de grand-voile ne fait pas aussi bien, certes. Les moteurs Diesel s'installent au fond des cales des voiliers dès huit mètres. Les winches électriques fleurissent à bord des unités de plus de onze mètres. Quant aux postes de barre, c'est la barre à roue qui s'impose. Les manœuvres sont désormais centralisées au maximum, de telle sorte qu'un homme seul gérer facilement le voilier. Le chantier Hanse, en imposant le foc autovireur, joue à fond cette carte de la manœuvre facile.

Les plans de pont gagnent, dans ce souci d'ergonomie, en confort de cockpit : ce dernier devient plus large, les assises sont confortables, la circulation vers la jupe arrière – elle s'est généralisée – est aisée. En revanche, le volume des roufs empiète souvent sur les passavants et la plage avant. Normal : on y passe moins de temps !

Du côté des appendices, on assiste à un désamour de la formule du dériveur lesté, au profit du biquille. Wrighton avait ouvert la marche dès la fin des années soixante-dix mais les *RM* s'y mettent aussi, suivis de nombreux modèles issus de petits chantiers, bretons pour la plupart. Même le fameux *Surprise* tente l'expérience des deux quilles. À l'intérieur, la course à la couchette est clairement passée de mode. On offre désormais des versions propriétaires avec des couchettes doubles qui n'ont rien à envier au format terrestre. La hauteur sous barrots augmente, la lumière et la vue mer sont bienvenues : place aux grands hublots de coque. Des emménagements séduisants au port et au mouillage, moins convaincants en mer. Car l'utilisation des voiliers évolue vers des navigations diurnes et des arrêts pour la nuit.

Les années deux mille, c'est aussi l'explosion des catamarans de croisière. Ils faisaient encore peur la décennie précédente et on les taxait de camion à la barre. La génération pilote automatique et le temps passé au mouillage ont inversé la donne : essayer le cata, c'est l'adopter ! Plus surprenant encore : de nombreux primo-accédants s'offrent un multicoque de 12 mètres et plus. Les temps changent...

Manœuvrer un voilier de 12 mètres comme ce Sun Odyssey 40 est bien plus facile grâce aux voiles d'avant plus petites et à la qualité de l'accastillage.

2000

Lagoon 380

Copié mais jamais égalé !

Un subtil compromis

Certes, son franc-bord élevé et le volume du rouf ne laissent aucun doute quant à la vocation croisière du *380*. Mais les architectes sont parvenus à conserver des lignes d'eau soignées, des carènes rondes et plutôt étroites à la flottaison, un déplacement mesuré et enfin une surface de voile généreuse. Cocktail gagnant !

Le *Lagoon 380* reprend les grandes lignes du *410*, lancé en 1997. Plus compact, il offre au final les mêmes prestations ou presque...
Il est surtout devenu une star, pas moins : le *380* est sans doute le catamaran habitable le plus diffusé à ce jour. Soit 800 exemplaires en 16 ans. Sa silhouette, longtemps jugée massive, a fini par s'imposer comme un standard... On le trouverait presque élégant aujourd'hui ! Le plus petit et plus ancien *Lagoon* du catalogue est même parvenu à gommer le gros défaut du *410*, dont les moteurs sont placés sous les couchettes arrière, une configuration bien plus bruyante et qui complique les opérations d'entretien courant. **Le *380*, nullement décontenancé par la sortie du *39*, reste, chez les moins de douze mètres, le catamaran familial le plus confortable grâce à son incroyable volume.** Certes la silhouette en prend un coup. Les coques sont très hautes, larges au pont et la nacelle massive. Mais c'est à ce prix que le *380* est capable d'accueillir deux couples et quatre enfants.

LAGOON
LAGOON 380
Premium

Les coques sont assez larges pour caser une ou deux cabines doubles, la nacelle est parfaitement protégée des rayons les plus chauds du soleil grâce aux vitrages verticaux et à la casquette, le carré panoramique est confortable et remarquablement bien aéré, la cuisine fonctionnelle, le cockpit convivial et les jupes arrière parfaites au mouillage... À défaut d'être rapide par petit temps, le *380* s'appuie sur ces puissants moteurs – 18 ou 28 chevaux – en dessous de 10 nœuds de vent. Lors des manœuvres au port, inutile de jouer de la barre pour espérer un effet coup de fouet ; les hélices sont positionnées derrière les safrans. On joue donc avec les manettes de gaz. Dès le médium, il affiche des performances honnêtes du bon plein au vent arrière. Il est même capable de tenir 10 nœuds de moyenne par bonne brise. On découvre alors que les carènes du *380* restent relativement fines à la flottaison, que le déplacement lège n'en fait pas un camion et que sa surface de voilure est plutôt généreuse. Le petit *Lagoon* est donc bien armé pour une belle boucle atlantique. Il ne lui manque plus que quelques coffres supplémentaires. Autre bémol : le rouf, très haut, n'est pas évident à escalader. Mais le plan de pont est net, avec des manœuvres qui convergent vers le poste de barre. En 15 ans, peu de modèles ont fait mieux ! La version S2, apparue en 2005, bénéficie d'une finition plus moderne et de boiseries plus claires.

Caractéristiques du *Lagoon 380*

- Constructeur : Lagoon
- 800 exemplaires depuis 2000
- Matériau : sandwich balsa/polyester
- Architectes : Van Peteghem/Lauriot Prévost
- Longueur de coque : 11,55 m
- Longueur à la flottaison : 11,55 m
- Largeur : 6,53 m
- Tirant d'eau : 1,15 m
- Poids lège : 5,90 t
- Surface de grand-voile : 47 m²
- Génois : 30,40 m²
- Moteur : IB 2 x 18 ou 28 ch Diesel

Le poste de barre surélevé juste en arrière du rouf offre une bonne vision sur le plan d'eau et concentre toutes les manœuvres. La bôme est suffisamment haute pour protéger le cockpit par un bimini en toile.

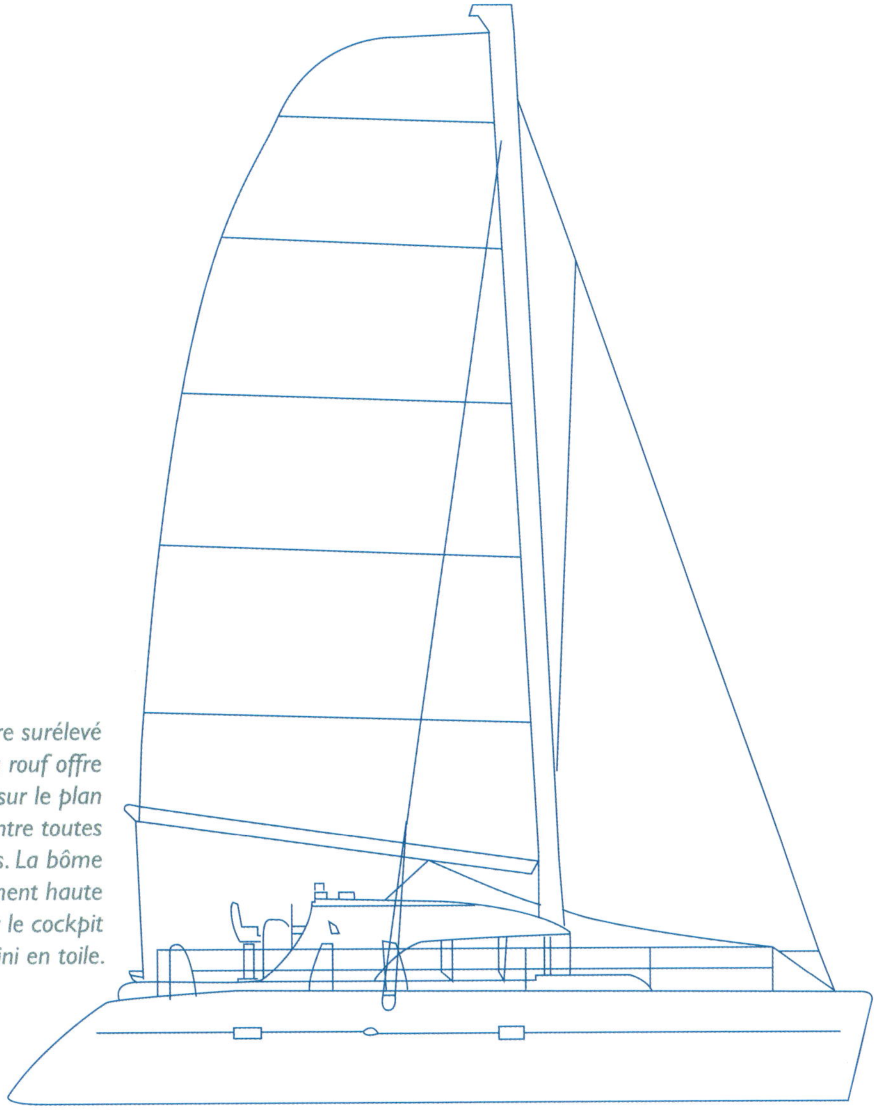

Le rouf reprend le dessin de celui du Lagoon 410 avec sa batterie de hublots verticaux : vue imprenable et bonne protection contre l'effet de serre.

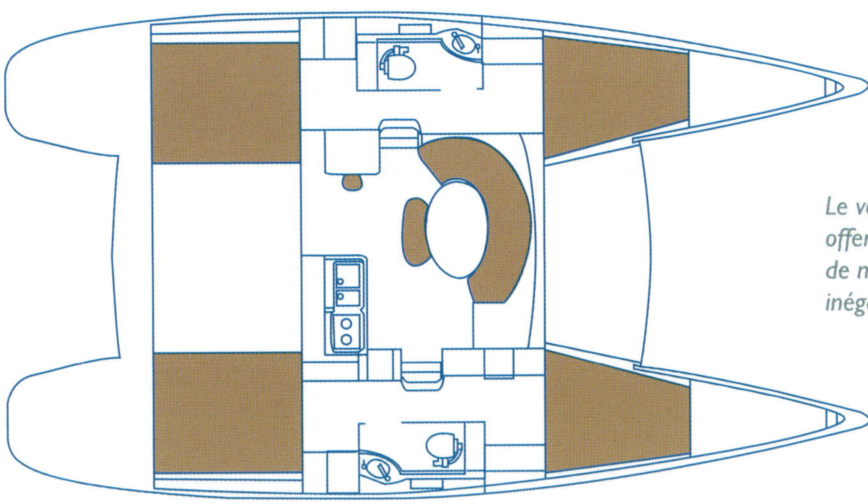

Le volume et le confort offert par ce catamaran de moins de 12 m reste inégalé 16 ans plus tard.

2001

Open 570

Tout pour la glisse

Un racer pour tous

Une carène planante au franc-bord minimal, un gréement simple avec mât orientable, un accastillage minimaliste et une quille relevable (deux tirants d'eau en navigation possible), l'*Open 570* est un voilier performant avant tout, qui n'oublie pas d'être accessible, tant sur le plan financier que sur celui de la facilité d'utilisation.

Et la glisse pour tous ! Trois fois moins cher que son grand frère le *750*, **le 570 a fait l'objet d'une étude très approfondie du Groupe Finot pour limiter les coûts au maximum. Du coup, pas de carbone ou de matériaux exotiques hors de prix mais du bon vieux polyester.** La coque est renforcée par une structure longitudinale qui relie les fonds au pont. Ce dernier est en sandwich PVC/mousse de 15 mm d'épaisseur. Simple et costaud. **Cette petite bombe s'est essaimée à 250 exemplaires**.

Le *570* est très apprécié par les clubs de voile et les jeunes qui cherchent un nouveau support après la voile légère. L'utilisation de ces petits bolides est donc essentiellement tournée vers la régate ou l'initiation. Le chantier aurait souhaité également promouvoir des raids en flottille. Le bateau, malgré son potentiel impressionnant, n'est en effet pas difficile à gérer, même en couple. Mais le confort offert est minimum.

La cabine n'est pas facile d'accès – un panneau étanche rond tient lieu de descente –, sans hublots et encombrée par le bout-dehors rétractable. Bref, il est bien possible de dormir à bord (n'oubliez pas les matelas gonflables !), mais à la dure.

La carène est large et le gréement élancé. La quille profonde et l'équipage au rappel – deux ou trois personnes – garantissent une bonne puissance. Verdict sur l'eau : le *570* remonte à 40° du vent et tient ses six nœuds au speedo dès 3 Beaufort. Le franc-bord minimum se traduit par une douche d'embruns permanente dès que le vent dépasse 15 nœuds. Ambiance dériveur ! Au débridé, l'engin accélère encore pour planer à plus de 8 nœuds sous spi. La barre du *5,70* est très basse et coudée. On dirige le bateau grâce au stick. La précision est excellente, on place l'étrave où on le souhaite. L'équipage prend place dans un immense cockpit – réplique XXL d'un dériveur léger moderne – avec un seul étage d'assises l'*Open* est long, avec un seul étage. On s'installe donc au rappel, les pieds calés dans les sangles, en appui sur un des deux cale-pieds.

L'accastillage est réduit à sa plus simple expression : pas de winches, mais des écoutes de foc mouflées. L'*Open* fait évidemment l'impasse sur les filières, chandeliers et balcons et même sur les taquets d'amarrage. La quille sabre de l'*Open* se remonte grâce à la drisse de grand-voile ou en installant une chèvre en inox. Pour mâter, on utilise le treuil de la remorque. Tout compris, comptez une heure et demie avant de naviguer.

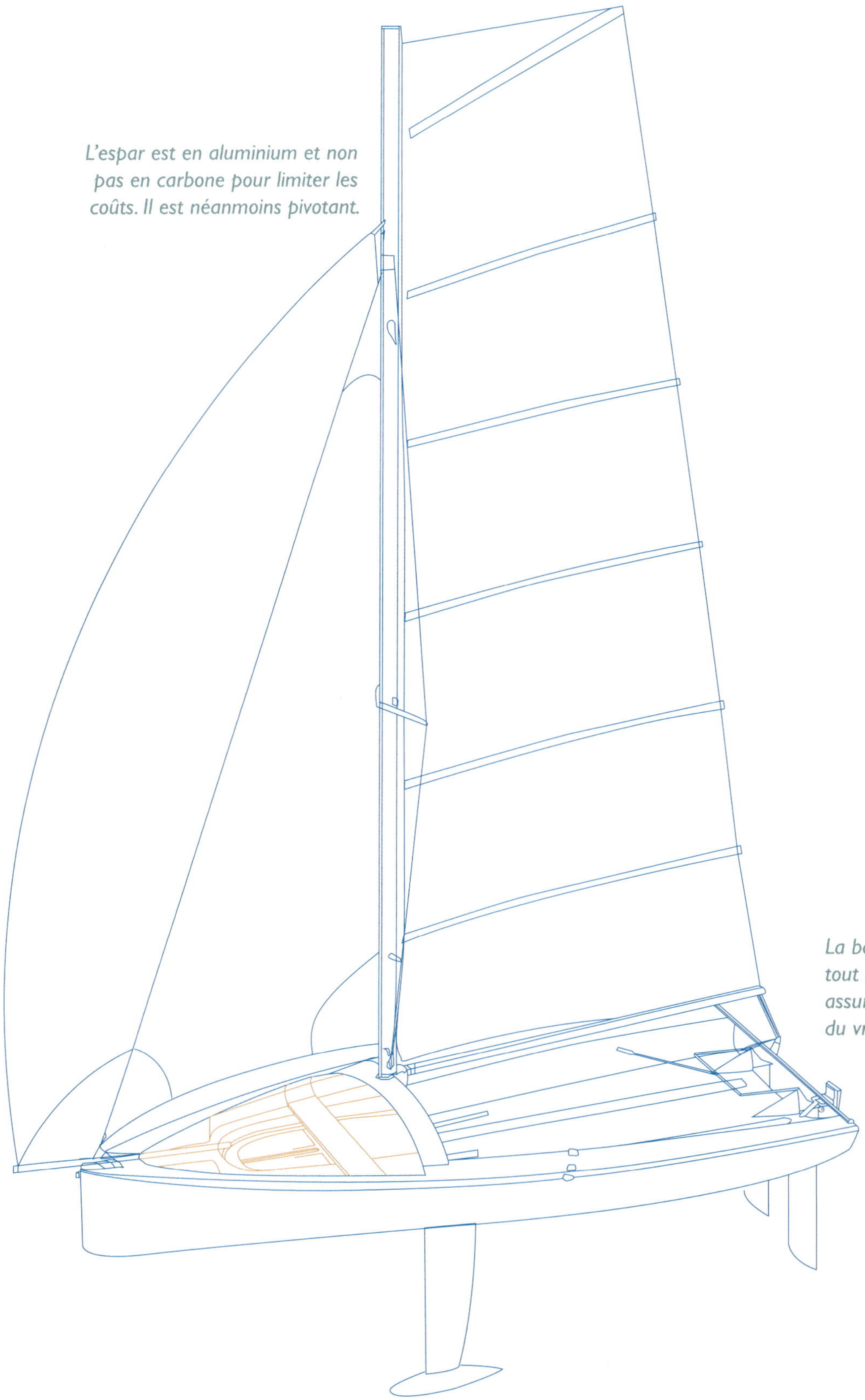

L'espar est en aluminium et non pas en carbone pour limiter les coûts. Il est néanmoins pivotant.

La barre d'écoute, repoussée tout à l'arrière du bateau, assure un excellent contrôle du vrillage de la grand-voile.

Caractéristiques de l'*Open 570*

- Constructeurs : Philéas, Paris Voile
- 250 exemplaires depuis 2001
- Matériau : sandwich polyester
- Architecte : Groupe Finot
- Longueur de coque : 5,70 m
- Longueur à la flottaison : 5,70 m
- Largeur : 2,55 m
- Tirant d'eau : 0,35/1,40/1,75 m
- Déplacement lège : 0,52 t
- Lest : 0,18 t
- Surface de grand-voile : 18,00 m^2
- Surface de génois : 8 m^2
- Moteur : sans ou HB 2 à 4 ch

2002

Pogo 2

Toujours au taquet !

Quand la série inquiète les protos

Comparé à son prédécesseur le *Pogo 1*, issu d'une carène de prototype, le *2* a été conçu dès le départ comme un *Mini 650* de série. À la clé, un travail très approfondi sur la structure et le devis de poids : le nouveau modèle gagne 220 kg, ce qui est considérable pour un voilier de moins d'une tonne…

Après le succès du *Pogo 1*, directement inspiré de la carène du prototype vainqueur de la Mini 650 2013, Structures décide, alors que son modèle s'est imposé comme LE *Mini 650* de série, de lui trouver un successeur. Précisons que le chantier connaît son affaire… son patron et fondateur (1987), Christian Bouroullec, n'a pas hésité, en 1999, à prendre le départ de la Mini à la barre d'un *Pogo 1*. Et il a gagné l'épreuve ! Pour le *Pogo 2*, c'est le Groupe Finot qui est sollicité. **Un travail très poussé sur l'ergonomie, la répartition des poids, le plan de voilure, les appendices et la rigidité de la structure a permis un gain sensible en performance. Ce qui n'est pas évident dans le cadre de la jauge des 6,50, certainement une des plus bloquée qui soit**. Au final, le *Pogo 2* est plus typé course que son prédécesseur. Christian Bouroullec estime d'ailleurs que les deux tiers des *Pogo 1* étaient utilisés principalement en croisière rapide contre un tiers seulement pour le *2*. Les principales qualités de ce nouveau modèle sont la facilité de manœuvres – le bateau, même s'il est plus pointu que le *1*, reste bien moins exigeant à mener qu'un prototype –, sa robustesse générale qui lui permet d'affronter des conditions de mer et de vent très dures avec un faible risque de casse, un confort relatif avec une hauteur sous barrots de 1,42 m, quatre grandes couchettes (cuisine et table à cartes sont proposées en option) et enfin des performances exceptionnelles. **Le *Pogo 2* est en effet un des voiliers de 22 pieds les plus rapides qui soient… et il se permet, dans certaines conditions de grosse brise, de tenir la dragée haute aux prototypes**. En 2006, le record absolu de distance en 24 heures a été battu par le *Pogo 2 Jules*, avec 259,4 milles, soit une moyenne de 10,8 nœuds.

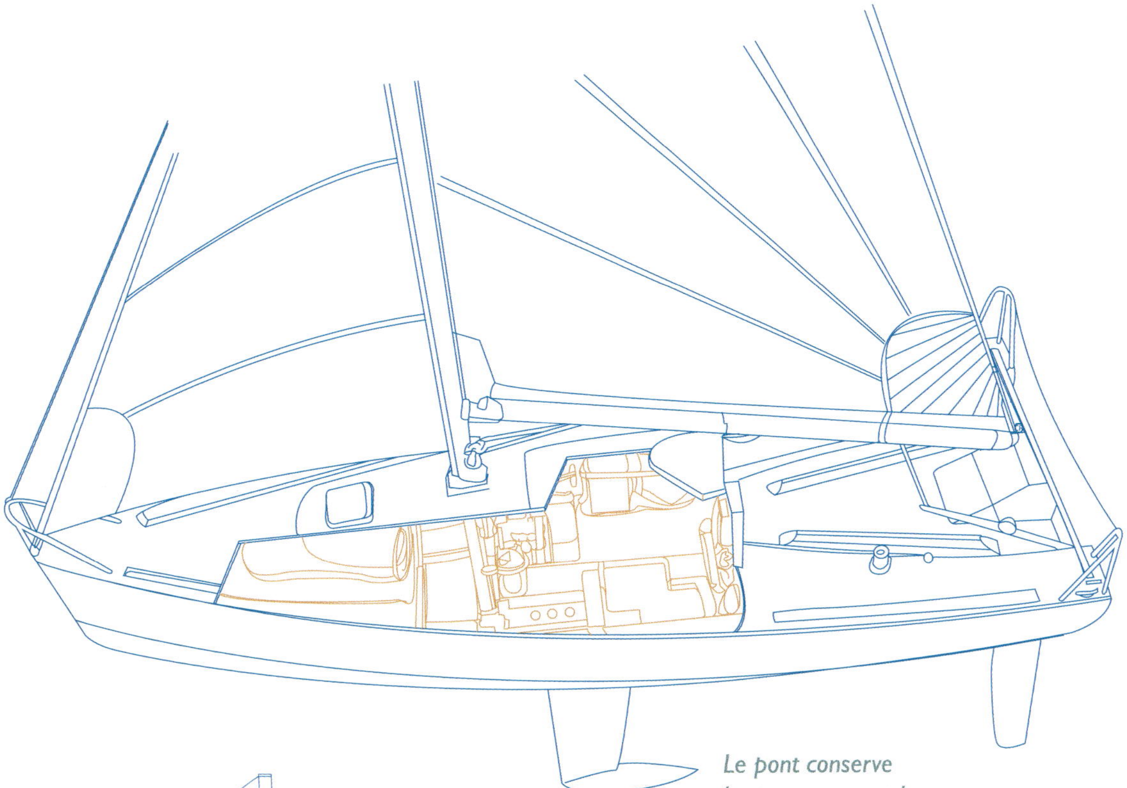

Le pont conserve les passavants et la plage avant dégagés du Pogo 1 mais adopte un cockpit en V plus ergonomique.

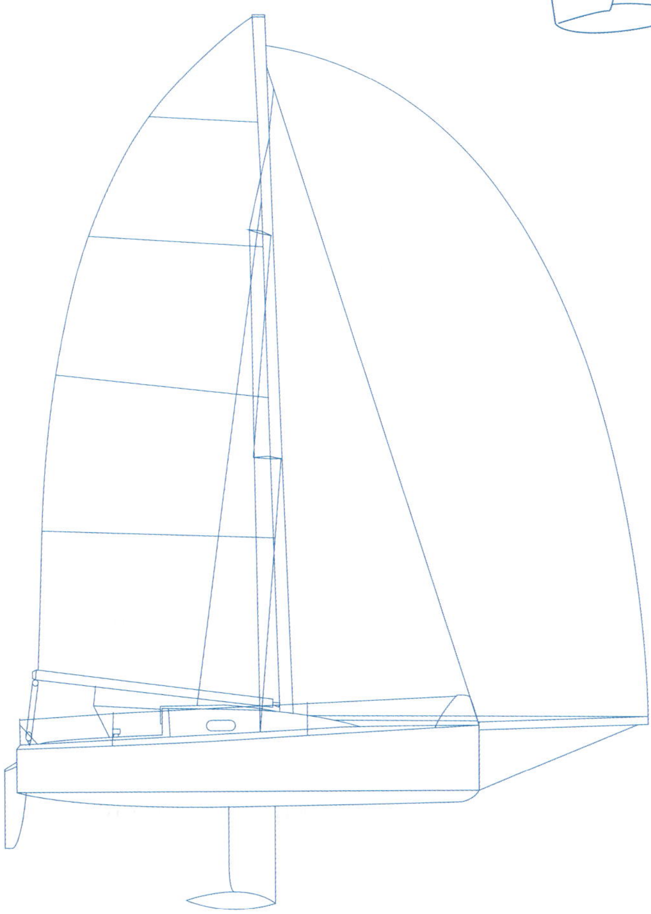

La surface maximum du spi est de 70 m². La grand-voile adopte désormais une corne : sa surface gagne 4 m² comparée à celle du Pogo 1.

Caractéristiques du *Pogo 2*

- Constructeur : Structures
- 115 exemplaires de 2002 à 2009
- Matériau : sandwich polyester
- Architectes : Finot/Conq
- Longueur de coque : 6,50 m
- Longueur à la flottaison : 6,50 m
- Largeur : 3 m
- Tirant d'eau : 1,60 m
- Déplacement lège : 0,975 t
- Lest : 0,43 t
- Surface de grand-voile : 25 m²
- Surface de génois : 18 m²
- Moteur : sans ou HB 4 à 6 ch

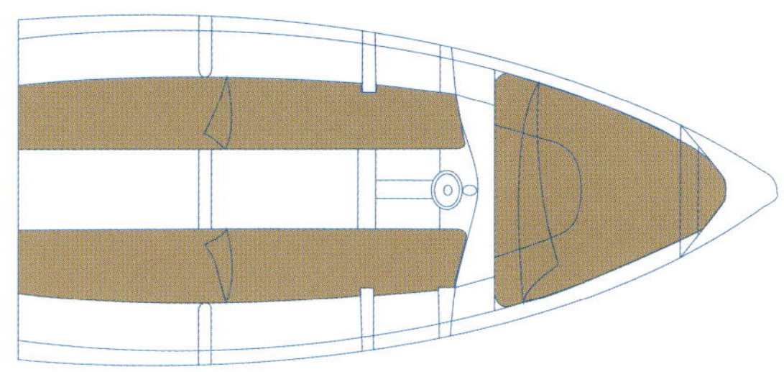

Peu de croiseurs même deux fois plus grands peuvent tenir la cadence... Si ce modèle reste aujourd'hui compétitif sur le circuit plus de 10 ans après son lancement, Christian Bouroullec ne produit plus le *2* depuis 2009, le marché étant saturé d'occasions. Un chantier américain, Open Sailing, a repris toutefois les moules. En 2012, le chantier étudie un troisième modèle avec un mât plus reculé encore, un bouchain qui court sur toute la carène et une étrave bien plus volumineuse : bienvenue au *Pogo 3*, présenté au public en 2014.

2003

JPK 9,60

Il a la gagne facile !

Le cockpit dessiné en T réserve sa partie arrière au barreur. Les cale-pieds sont appréciés à la gîte.

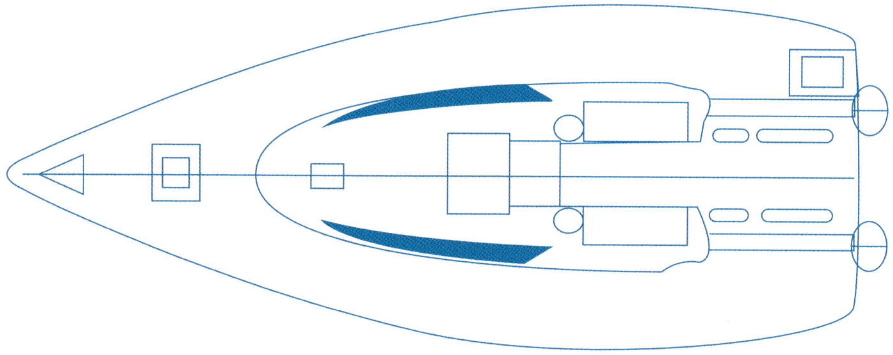

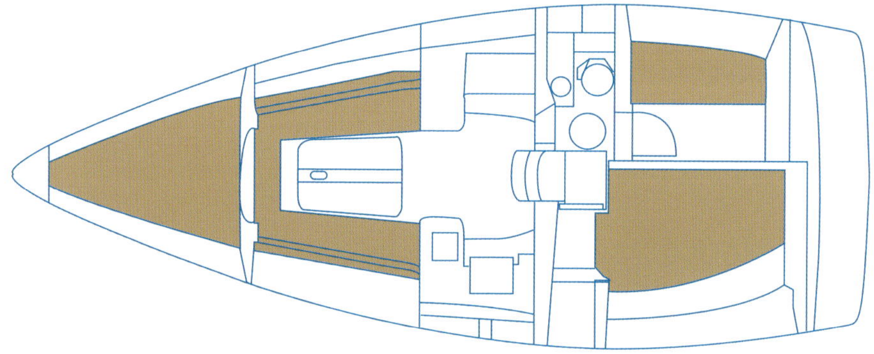

L'absence de cloison avant fermée limite l'intimité mais offre une impression de volume inédite à bord d'un voilier de 10 m.

Priorité aux qualités marines

Une lecture neuve de la jauge IRC, une volonté de proposer un voilier avant tout marin, robuste et sain, une carène qui s'accommode avec brio du louvoyage comme du portant, le tandem Jean-Pierre Kelbert et Jacques Valer a signé un voilier exceptionnel.

Coup d'essai, coup de maître… Jean-Pierre Kelbert est un ancien champion de planche à voile qui a goûté également à la monotypie habitable, Jacques Valer est un architecte spécialiste des catamarans de sport. Tous deux travaillent sur un projet ambitieux : lancer un nouveau voilier de régate. Mais cette fois bien plus grand que les joujous avec lesquels ils ont l'habitude de s'amuser. Et pour corser le défi, le bateau devra répondre à la jauge IRC – incontournable aujourd'hui. **Alors que la plupart des voiliers optimisés pour cette jauge sont plutôt typés pour le près dans le petit médium avec des flancs verticaux et une raideur à la toile moyenne, le *JPK 960* explore des voies architecturales complètement différentes.** Il a bien des entrées d'eau très pincées, mais également des sections rondes assez volumineuses et un arrière plus plat et porteur. Un habile mix entre un voilier IRC classique et un *Pogo 850*, en quelque sorte. Ajoutez un rapport de lest inhabituel de 41 % et vous découvrez une unité très raide à la toile, très à l'aise au louvoyage et capable de planer non-stop sous spi à plus de 13 nœuds.

Le *JPK 960* caracole immédiatement en tête des podiums des plus grandes épreuves – Spi Ouest France, Transquadra… – et s'adjuge également une victoire lors d'un Fastnet secoué par des conditions dantesques, à faire rentrer au plus vite tous les participants au port le plus proche. Sa réputation est faite. **Et toutes les courses où le vent fort de face est au menu ne font que confirmer les exceptionnelles qualités marines du bateau.** Le chantier a d'ailleurs prévu un crash box à l'avant et un radeau de survie immédiatement accessible sur le tableau arrière, preuve que la vocation hauturière du *9,60* n'est pas usurpée.

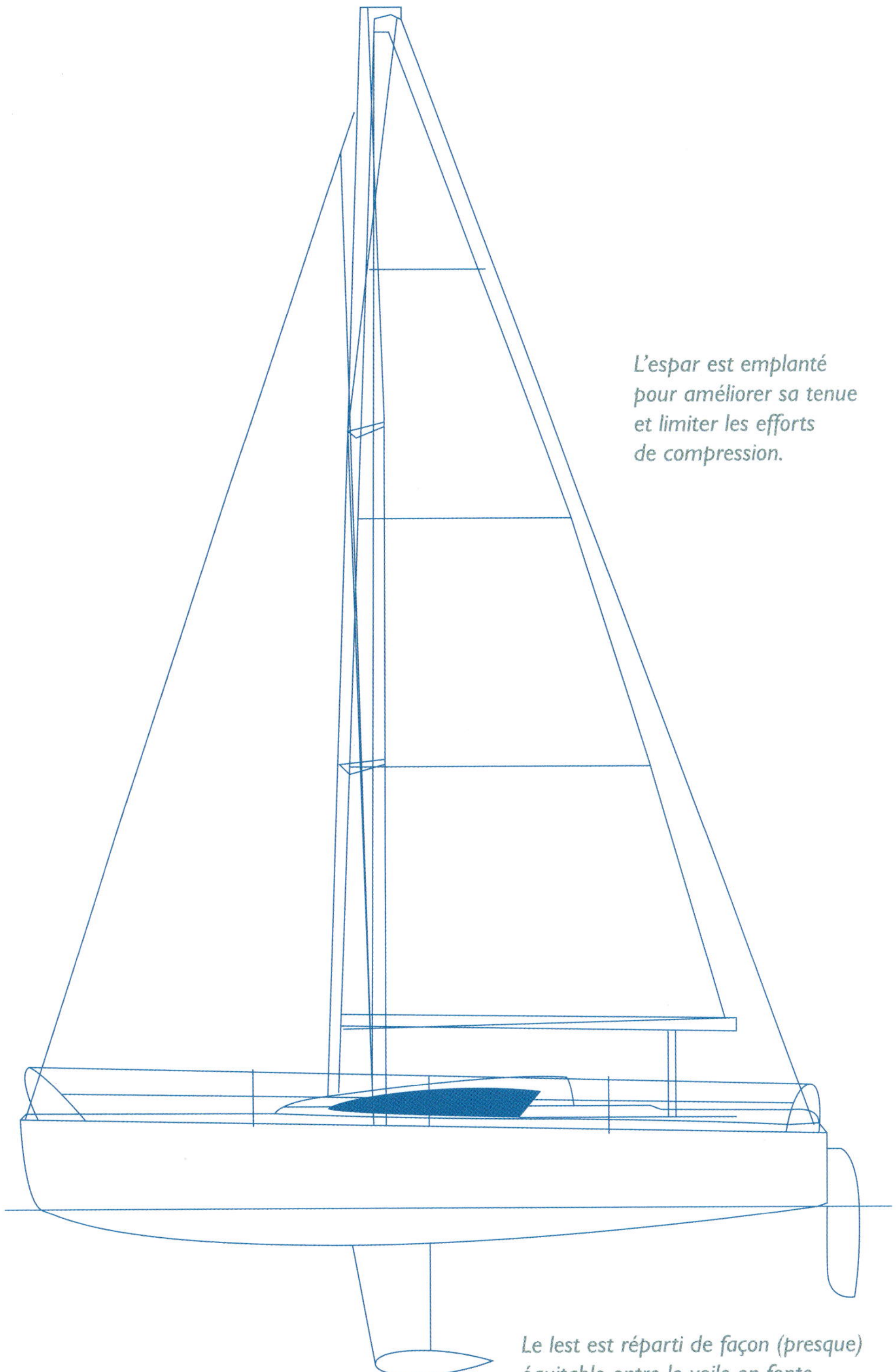

L'espar est emplanté pour améliorer sa tenue et limiter les efforts de compression.

Le lest est réparti de façon (presque) équitable entre le voile en fonte – 600 kg – et le bulbe plomb – 800 kg. Il concentre 41 % du déplacement.

Caractéristiques du *JPK 9,60*

- Constructeur : JPK Composites
- 44 exemplaires de 2003 à 2009
- Matériau : sandwich balsa/polyester
- Architecte : Jacques Valer
- Longueur de coque : 9,60 m
- Longueur à la flottaison : 8,60 m
- Largeur : 3,48 m
- Tirant d'eau : 1,90 m
- Déplacement lège : 3,4 t
- Lest : 1,4 t
- Surface de grand-voile : 32 m²
- Surface de génois : 24 m²
- Moteur : IB 18 ch

À bord, rien ne bronche, la gîte est contenue, le contrôle de la trajectoire assurée par les deux safrans bien angulés. Le plan de pont a fait l'objet d'une étude soignée avec son cockpit en T, ses cale-pieds, ses winches rehaussés et sa circulation, particulièrement fluide sur les passavants et la plage avant. À l'intérieur, le mariage du polyester et de nombreuses boiseries procure une ambiance à la fois nette et chaleureuse. De part et d'autre de la descente, une cuisine en L et une table à cartes, puis un large carré et enfin un lit breton. Soit une trame d'emménagements tout à fait compatible avec la croisière familiale. Vous cherchiez un mouton à cinq pattes ? Le *JPK 960* en est un !

2004

Open Bic

L'Optimist en plus fun

Un cat-boat pour les ados

Proposer aux enfants et aux ados un voilier plus attrayant que l'*Optimist* – diffusé à 150 000 exemplaires depuis 1947, excusez du peu – représente un sacré défi. Bic Sport s'en sort avec brio via un cat-boat excitant, à prix serré (à peine plus de 3 000 euros) et simple à mettre en œuvre.

Un peu trop vite présenté comme le remplaçant – il y en aura-t-il un ? – de l'*Optimist*, l'*Open Bic* est tout de même parvenu à se faire une jolie place au soleil des petits dériveurs d'initiation pour enfants et adolescents. **Depuis un peu plus de 10 ans, il a en effet été diffusé à plus de 7 000 exemplaires.** À l'instar de son indéboulonnable rival, il porte une double casquette initiation/compétition. **Les clubs de voile apprécient sa robustesse – la coque en polyéthylène ne craint ni les chocs ni l'abrasion, même si elle est plus difficile à réparer et sensible aux expositions prolongées aux UV – et sa facilité de mise en œuvre.** Tous les palans sont en effet équipés de crochets largables : deux minutes suffisent à gréer ou dégréer. **Le dessin de la coque est résolument moderne, avec un bouchain marqué.** La flottaison de l'*Open Bic* à plat est donc relativement étroite pour une surface mouillée réduite – et donc de bonnes aptitudes par petit temps.

Et le bateau se cale rapidement sur ledit bouchain dès que le vent rentre. Au près, le cap est excellent grâce au gréement élancé et aux appendices (verre/époxy) aux profils soignés. Au portant, les aptitudes au planning sont excellentes ; le barreur se régale. Il est d'ailleurs bien mieux loti qu'à bord d'un *Optimist*. D'abord le cockpit est autovideur grâce au double fond et sa pente vers l'arrière, qui évacue l'eau instantanément vers le tableau arrière ouvert. Ensuite parce que les plats-bords offrent une assise très confortable. Et enfin parce que la sangle centrale où on se cale les pieds permet de pratiquer un rappel très efficace.

L'accastillage est très soigné : poulies Ronstan, dont une winch débrayable fixée en fond de cockpit et un système de Cunningham/hale-bas six brins avec taquet.

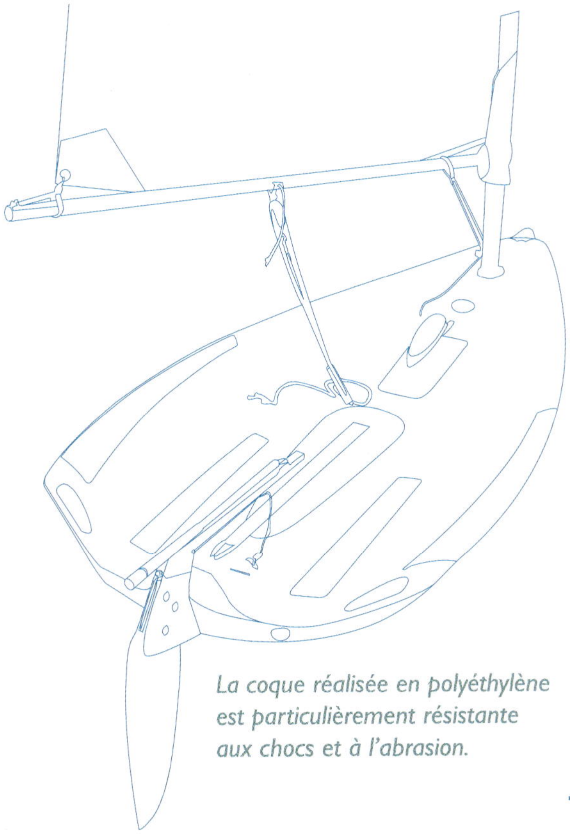

La coque réalisée en polyéthylène est particulièrement résistante aux chocs et à l'abrasion.

La voile, réalisée en monofilm Mylar par North est sensiblement plus grande que celle de l'Optimist.

Caractéristiques de l'*Open Bic*

- Constructeur : Bic Sport
- 7 000 exemplaires depuis 2004
- Matériau : polyéthylène
- Architecte : Vitali Design
- Longueur de coque : 2,75 m
- Largeur : 1,40 m
- Déplacement lège : 45 kg
- Surface de grand-voile : 4,5 m^2

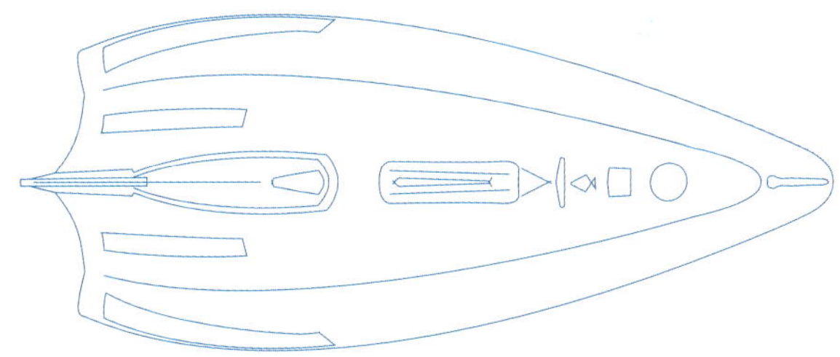

Le cockpit privilégie des assises confortables et la sangle centrale pour les pieds permet au barreur de pratiquer un rappel efficace.

La voile à fort rond de chute déverse dans les hauts par bonne brise, un atout pour réguler la puissance du bateau. Les petits gabarits apprécieront. Le cat-boat est prévu pour un équipage de 30 à 90 kg. Il est donc possible d'embarquer deux ados. Mais en régate, le poids optimum se situe autour de 40 kg. **L'*Open Bic* est reconnu classe internationale par l'ISAF : les compétitions sont hautes en couleurs sur des plans d'eau prestigieux comme le Mondial au Lac de Garde ou encore le rassemblement à San Francisco**... Les organisateurs ont eu la bonne idée d'alterner régates « sérieuses » et démonstrations free style bien plus détendues, bref, les animateurs de la classe savent faire rêver nos petits !

2005

Malango 870

L'annexe et le cockpit d'abord !

Le plein de bonnes idées

Un concept boat qui fait école… Le projet du *Malango 870,* avec son immense cockpit et son garage à annexe - un luxe d'ordinaire réservé à des unités de 45 pieds et plus ! - est un pari sacrément gonflé en 2005. Sans oublier la table de cockpit à poste et les béquilles télescopiques. À la clé, un chantier qui a su imposer cette nouvelle vision de la croisière, toujours sur des carènes excitantes à mener.

Né en 2005 d'une commande atypique pour un client désireux de concilier performances et joies du mouillage, le *Malango 870* imaginé par Denis Bourbigot a fait sensation, éclipsant même le *Bongo 870* auquel il empruntait la carène. Un voilier capable de s'aligner sans rougir au départ d'une Transquadra, mais surtout de se poser sur un banc de sable à marée basse. Un programme très large qui a su convaincre puisque Denis Bourbigot a rapidement grossi son carnet de commandes, monté un vrai chantier, lancé le *Malango 999*…
Le prototype s'accommodait d'un pont de *Bongo 960* raboté ; les modèles suivants ont eu droit à leur propre moule de pont. Le *Malango* c'est d'abord **un parti pris plutôt gonflé, celui de faire l'impasse sur la sacro-sainte cabine arrière et la course au volume des emménagements pour privilégier le cockpit et aménager un profond tunnel capable d'accueillir une annexe gonflée.** Et comme il ne fait jamais rien à moitié, Denis Bourbigot a imaginé une grande table de cockpit qui reste à poste, ce qui est assez inhabituel à bord d'un voilier typé performance. Du coup, au mouillage, pas de corvée de gonflage de l'annexe ou

Malango

d'installation fastidieuse d'une table pliante : tout est prêt pour profiter de la baignade, des repas…

Le *Malango 870*, s'il était également décliné en quillard, est avant tout un bateau plaisir : il a été conçu pour s'aventurer dans les rivières, les petits ports peu profonds et l'échouage. Une version biquille a été étudiée, mais la configuration la plus séduisante est sans conteste la quille pivotante, assortie des béquilles télescopiques. Les robustes tubes en aluminium se mettent en place en quelques minutes pour garantir un échouage bien à plat très sûr – les béquilles sont angulées à 45° vers l'extérieur.

Dans la cabine, quatre couchages, une table de carré, un cabinet de toilettes, une cuisine près de la descente et une table à cartes où on travaille debout. Sous voiles, le *Malango 870* se montre très véloce, même dans la configuration foc autovireur si plaisante en équipage réduit – un solent à faible recouvrement lui apporte tout de même quelques chevaux de plus, surtout par petit temps clapoteux. Au portant, sous spi, le plan Rolland dépasse rapidement les 10 nœuds. Bref, à bord du *870*, impossible de s'ennuyer !

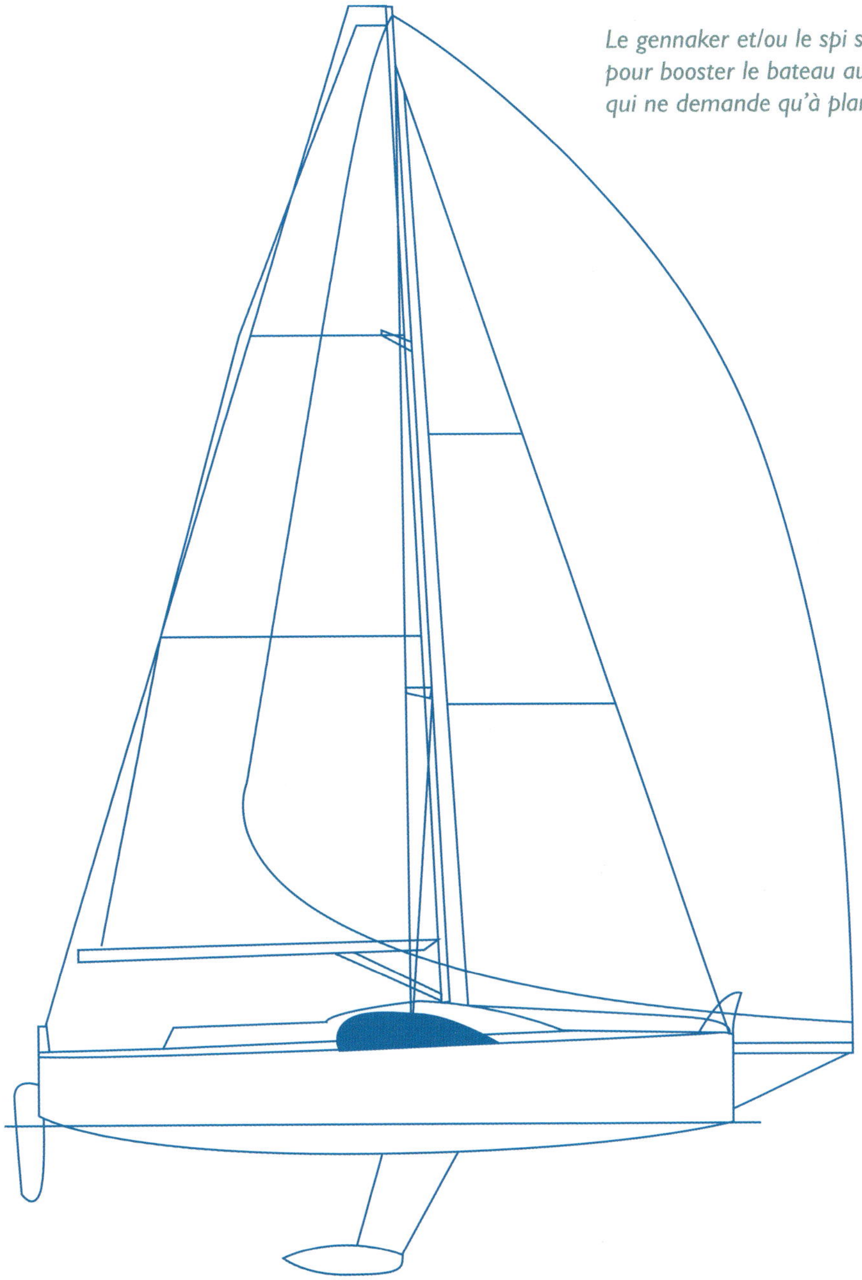

Le gennaker et/ou le spi sont bienvenus pour booster le bateau au portant, qui ne demande qu'à planer.

Caractéristiques du *Malango 870*

- Constructeur : IDB Marine
- 9 exemplaires de 2005 à 2011
- Matériau : polyester
- Architecte : Pierre Rolland
- Longueur de coque : 8,70 m
- Longueur à la flottaison : 8,50 m
- Largeur : 3,45 m
- Tirant d'eau : 0,95/2,25 m
- Déplacement lège : 2,8 t
- Lest : 0,85 t
- Surface de grand-voile : 26 m^2
- Surface de génois : 21 m^2
- Moteur : 14 ch

Pas de cabine fermée mais une simple porque pour séparer le couchage du carré.

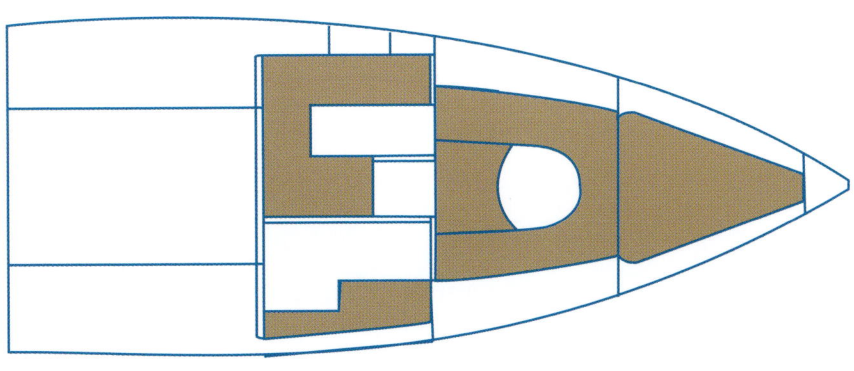

Le cockpit est immense et s'articule autour d'une belle table équipée d'abattants.

CE QU'EN DISENT LES CONSTRUCTEURS

David Roy
Responsable du chantier AFEP Marine

Au départ, le père de David prenait en charge des réparations et proposait toutes sortes de pièces inox. Aujourd'hui David propose également une gamme de bateaux, dont les fameux Rêvolution 22 et 29. *Le point fort du chantier : un esprit innovant et possibilité de personnalisation de chaque unité.*

Les pages 180 et 181 sont dédiées au Rêvolution 29.

Quelles sont les grandes innovations dans les voiliers depuis 50 ans ?

La professionnalisation des méthodes de recherche, d'architecture et de construction est le point le plus remarquable. Nous sommes passés de la méthode empirique à l'artisanat, et enfin à l'industrialisation. Ensuite, les outils « industriels » se sont démocratisés pour devenir à la portée des artisans, ce qui nous a permis de développer un artisanat moderne (logiciels 3D, fichiers de découpe numérique...), pour améliorer toujours un peu plus la qualité de fabrication, la fiabilité, et les conditions de travail. D'un point de vue structurel, les devis poids se sont affinés, pour de meilleures performances. Revers de médaille et contraintes économiques obligent, la longévité des réalisations est à la baisse. Au fils des années, les bateaux se sont adaptés à une clientèle « vieillissante » et leurs besoins en équipements de confort. Dans le domaine de la course, les carènes se sont élargies pour planer d'avantage, ce qui est repris en plaisance, au bénéfice de la stabilité et du volume habitable.

Quelles sont les innovations que le chantier AFEP Marine a apportées ?

Grâce à des procédés de fabrications nouveaux et à l'emploi de nouveau matériaux ou dérivés de l'industrie, nous sommes les seuls à pouvoir proposer des bateaux en aluminium de moins de 10 m avec autant de volume habitable, des performances et à un prix de vente acceptable par le marché. Avec des formes résolument novatrices, et sans compromis, nous ouvrons une autre page de l'histoire de la plaisance.

Les autres bateaux

1996
2005

1996

Bénéteau 25
Bénéteau a voulu en faire, sans succès, le remplaçant de son *Class 8*. Un sort quelque peu injuste même si ce monotype est exigeant dans la brise.

1997

First 40.7
Une signature Bruce Farr, une ligne indémodable, des performances et une parfaite optimisation pour la jauge IMS.

Catana 471
Certainement le chouchou du chantier de Cannet en Roussillon puisque c'est le modèle le plus diffusé à ce jour.

Pogo 1
Après le *Coco*, c'est le *Pogo* qui fait la loi chez les *6,50*.

1998

First 31.7
La carène du *Figaro 1* ! Déclinée sur le *First 310* et les *Océanis 300* et *311*, elle reprend avec bonheur et élégance du service sur ce coursier qui sait également se montrer croiseur.

Sun Odyssey 40
Pas d'excès de volume et un franc-bord mesuré pour cette unité d'un premier modèle à salon de pont. Gros succès commercial : plus de 1 000 unités vendues.

1999

Open 750
Pas de compromis pour cette luge tout carbone équipée d'un mât aile et d'appendices soignés...

Grand Surprise
C'est bien sûr le grand frère du *Surprise*... avec un look moderne de *Sprinto*. Un voilier de régate rapide et grisant, longtemps boosté par les flottes de loueurs spécialisés.

2000

Sun 2 000
Né en 2000 mais bien 20 pieds de long pour ce dériveur intégral trop vite disparu du catalogue.

2001

J/109
C'est un peu le *J/105* en mieux. Caractéristiques très proches avec un chouia de franc-bord et de déplacement revus à la hausse, histoire de séduire le public européen, plus désireux de confort.

2002

Figaro 2
Il remplace donc le *1*. Plus grand, plus puissant, il est mieux adapté aux traversées océaniques. Il s'apprête à prendre sa retraite puisque le *3* sort des cartons...

Lavezzi 40
Il a connu une belle diffusion jusqu'en 2009, grâce à un prix serré et à des performances honorables.

2003

Nautitech 40
Cabines un peu étriquées mais un bimini en dur qui va s'imposer sur tous les catamarans ou presque. Et un bon comportement sous voiles pour ces carènes Harlé/Mortain.

Tricat 22
L'engin de raid le plus excitant qu'on puisse imaginer, capable de vous emmener d'une crique à l'autre à plus de 20 nœuds !

2004

Allures 40
C'est le premier modèle du chantier basé à Cherbourg. Il propose une coque en aluminium en formes, un pont en composite et une configuration dériveur intégral.

First Class 750
Après le *Bénéteau 25*, deuxième tentative pour Bénéteau d'imposer un nouveau monotype. Un peu trop lourd, il ravit les écoles de voiles mais pas les purs régatiers.

2005

A 35
Optimisé avec soin pour la jauge IRC il rafle tout en régate sans être exigeant à mener.

Hanse 400
Une carène très efficace, une ligne indémodable et du volume à l'intérieur. Ce croiseur réalise un sans-faute...

Sun 2 500
Cockpit XXL et intérieur décloisonné pour la convivialité en famille.

2006 -

- 2015

2006

IKone J

Plus simple, cela n'existe pas !

Un, deux, trois... naviguez !

Tracter un voilier habitable derrière un véhicule de moyenne cylindrée, le préparer en 10 minutes chrono, naviguer en toute décontraction grâce à un gréement cat-boat on ne peut plus simple : voilà ce que propose l'*IKone J*. Un concept plus que jamais dans le coup, décliné avec bonheur sur l'*IKone 750*, élu Voilier de l'année.

Le cat-boat est une formule bien rodée sur les petits dériveurs pour solitaires, type *Europe*, *Laser*, *Finn* etc. Mais nettement plus rarement retenue pour les voiliers habitables. Aux États-Unis, les *Freedom*, avec un ou deux mâts et leurs wishbones, ont quelque peu défriché le terrain. Espace Vag, basé à Concarneau, l'a fait également depuis 2002 avec son *IKone*. Plutôt balourd et sage, ce modèle est surtout dédié à la promenade et à la pêche. Son petit frère l'*IKone J* – pour Junior – se veut bien plus performant. Bien plus léger et pratiquement aussi toilé, il dispose également d'une carène plus travaillée aux entrées d'eau plus fines. **Il est toujours aussi simple d'utilisation : on déhousse le mât carbone sur lequel est roulée la voile, on installe l'espar et le moteur, et c'est parti ! Temps de mise en œuvre ? À peine 10 minutes.** La voile est déroulée en un instant. Une latte jonc jusque-là stockée le long du liston fait office de bôme. L'idée est judicieuse : au portant, la voile se tient parfaitement. S'il faut réduire, il suffit de faire glisser la latte et d'actionner le bout d'enroulement du mât. Grâce à ses deux petites lattes verticales qui offrent un semblant de rond de chute, l'*IKone* se révèle rapide et très évolutif.

Il remonte bien au vent et la barre est équilibrée. Le petit spi de 17 m², amuré sur un bout-dehors en carbone, figure au catalogue pour les plus mordus de performances. Les déplacements à bord ne se traduisent pas par des coups de gîte inquiétants : tout le lest, soit 130 kg, est concentré dans la dérive pivotante, ce qui se traduit par une raideur très satisfaisante et adaptée à un usage familial. L'appendice se relève à l'aide d'un winch dédié. Les safrans sont pivotants. On accède ainsi très facilement sur les plages.
L'accastillage se limite au palan de grand-voile, qui glisse sur une patte d'oie fixée tout à l'arrière. Le plan de pont privilégie logiquement le cockpit, lequel est très confortable. Sous la capote, le moulage forme une bosse, ce qui renforce la tenue du puits de dérive tout en aménageant une position de veille ou de sieste parfaite. Un panneau de pont, nettement agrandi désormais, tient lieu de descente. Grâce à l'arceau inox de la capote, on pénètre à l'intérieur sans trop de difficultés. Un grand plancher de 2,40 m offre un couchage pour deux adultes et encore de la place pour les sacs : des rangements sont prévus sous la baille à mouillage et de part et d'autre du puits de dérive. **L'*IKone J*, malgré sa simplicité désarmante, est un voilier de raid très abouti et certainement un des plus séduisants de sa catégorie.** Une version sloup, sous le vocable JS, a été déclinée à 10 exemplaires depuis 2011.

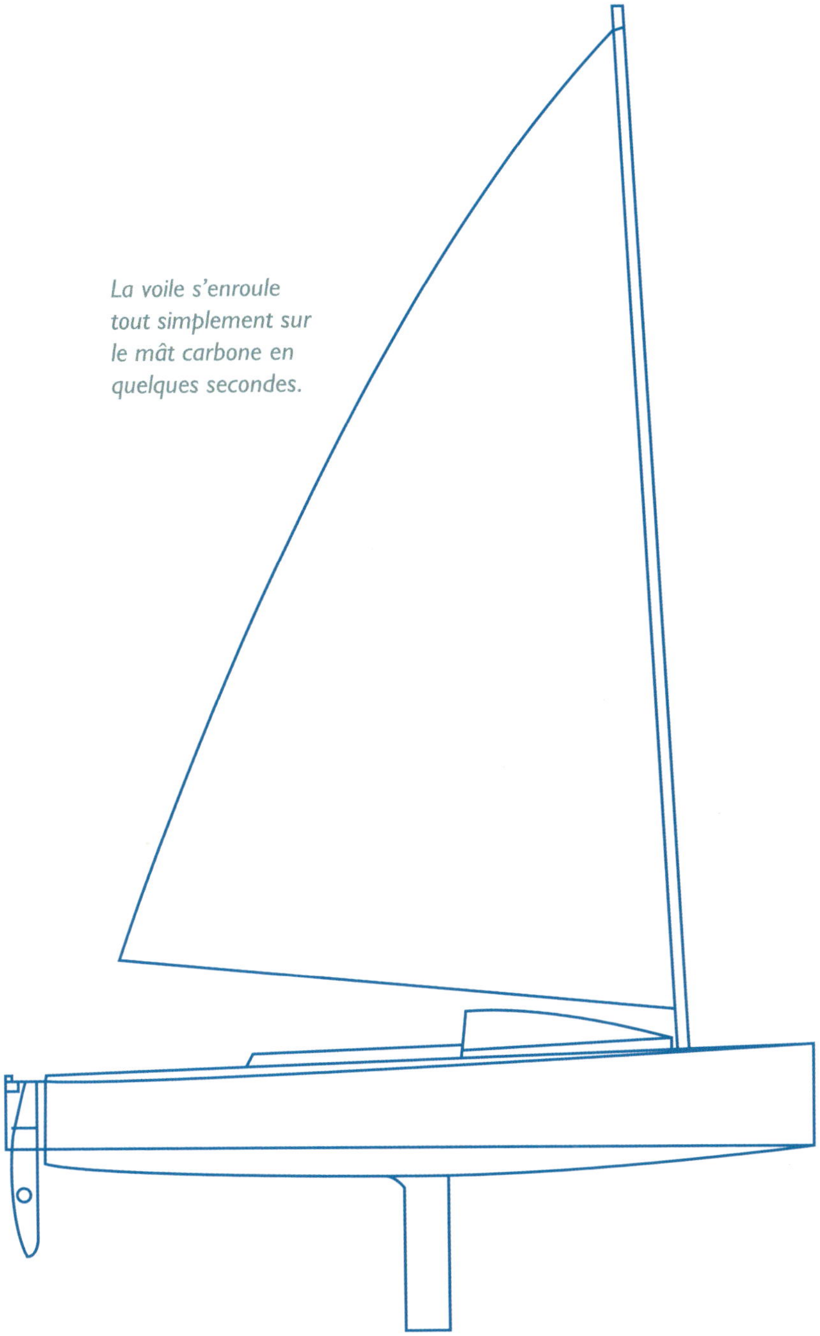

La voile s'enroule tout simplement sur le mât carbone en quelques secondes.

Caractéristiques de l'*IKone J*

- Constructeur : Espace Vag
- 71 exemplaires depuis 2006
- Matériau : polyester
- Architecte : Julien Marin
- Longueur de coque : 5,50 m
- Longueur à la flottaison : 5,40 m
- Largeur : 2,30 m
- Tirant d'eau : 0,20/1,10 m
- Déplacement lège : 400 kg
- Lest : 130 kg
- Surface de voile : 15,00 m^2
- Surface du spi asy : 17,00 m^2
- Moteur : HB 4 ch

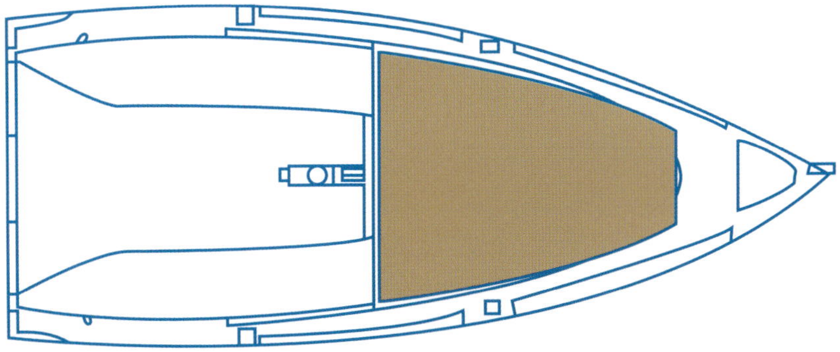

Les passavants sont étroits, certes… mais on n'a pas grand-chose à y faire en l'absence de foc.

Sun Fast 3200

Il reste au top!

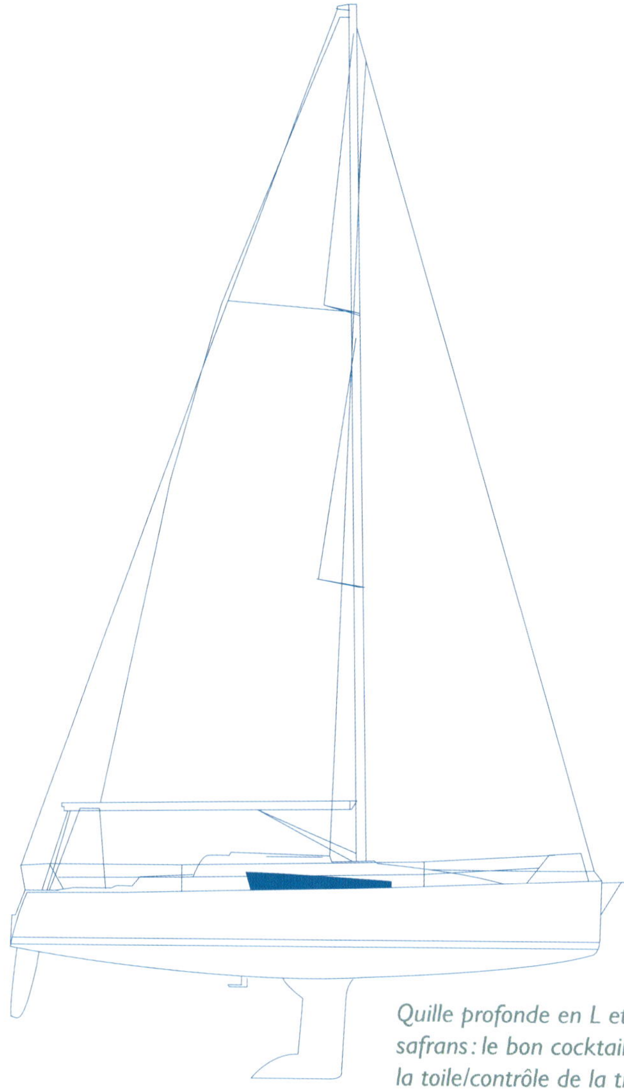

Quille profonde en L et double safrans : le bon cocktail raideur à la toile/contrôle de la trajectoire.

Encore une transat ? Même pas peur !

Optimisé pour le grand large, le *Sun Fast 3200* représente pour un grand chantier comme Jeanneau un pari audacieux. Avec sa construction robuste, sa carène incroyablement stable au portant dans la brise et ses emménagements dépouillés mais marins, le chantier a placé la barre très haut. À tel point que près de 10 ans après son lancement, le bateau est toujours au top.

Peu de grands chantiers ont osé lancer un racer océanique, optimisé pour les régates avec jauge (Osiris et IRC). Le pari est en effet doublement risqué : d'abord le marché est restreint comparé aux impératifs de rentabilité d'une grosse structure : un voilier construit à moins de 100 exemplaires représente un flop. Ensuite parce qu'il n'est pas question de refaire un moule pendant au moins les cinq ans qui suivent le lancement. Bref, pas de droit à l'erreur... Évidemment, le chantier vendéen a bien pensé au *JPK 9,60* et au *Bongo* en étudiant son propre coursier hauturier. Et il avait les moyens de mettre en place une classe à part dans la fameuse Transquadra, épreuve transatlantique en solitaire ou en double, réservée comme son nom l'indique aux plus de 40 ans. Et le *Sun Fast* 3200 a bien réalisé un sans-faute. **Les premiers essais mettent immédiatement en valeur les qualités marines du plan Daniel Andrieu, à qui on lui doit les *JOD* : le bateau tient facilement toute sa toile à 20/25 nœuds de vent, même en double ou en solitaire et il se révèle parfaitement stable au portant à haute vitesse sous pilote.** Les deux safrans y sont pour quelque chose. La carène se révèle donc très rapide.

Bien servi par un plan de voilure particulièrement équilibré (le génois à 115 % de recouvrement fait 49 m² contre 51 m² pour la grand-voile), le *3200* arbore également un gennaker de 70 m². Cette voile taillée pour le travers/bon plein dans les airs légers sera amurée sur la petite delphinière en inox. Le spi symétrique est évidemment privilégié pour les allures proches du vent arrière. Les appendices, une quille en L avec bulbe plomb et deux safrans dont le dessin rappelle celui du *Figaro 2* ont été optimisés pour la performance, à l'instar du plan de pont très fonctionnel avec son coffre à bib à l'arrière

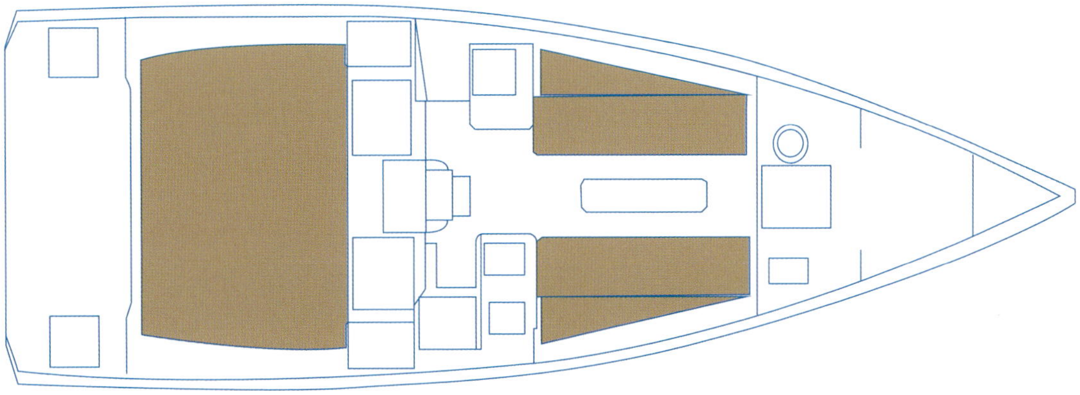

Dans le carré les assises sont confortables et se muent en couchettes de mer la nuit. Mais les premières tables livrées étaient symboliques.

Caractéristiques du *Sun Fast 3 200*

- Constructeur : Jeanneau
- 200 exemplaires depuis 2007
- Matériau : polyester
- Architecte : Daniel Andrieu
- Longueur de coque : 9,80 m
- Longueur à la flottaison : 8,75 m
- Largeur : 3,49 m
- Tirant d'eau : 2,10 m
- Déplacement : 3,50 t
- Lest : 1,30 t
- Grand-voile : 34,50 m²
- Génois : 31,40 m²
- Motorisation : 15 ch Diesel

et les réglages principaux à portée du barreur, qui dispose de deux barres franches. **Les podiums s'enchaînent à tel point qu'une vingtaine de 3 200 étaient encore inscrits à la Transquadra près de 10 ans après le lancement du bateau ! Et le *Sun Fast 3 200* a été élu bateau IRC de l'année en 2014.** Rien d'étonnant dès lors à ce que Jeanneau ait lancé son grand frère, le *3 600*.

À l'intérieur, deux cabines arrière, une cuisine, un semblant de carré (les premières tables, optimisées pour le passage des voiles vers la soute, étaient vraiment petites), des toilettes repoussées tout à l'avant et une belle table à cartes. Pour le reste, pas de chichis, la guerre au poids est déclarée ! Pas de vaigrages, un minimum de capots ouvrants… même les portes et équipets sont en toile. La baille à mouillage brille par son absence et le moteur, avec ses 15 ch, ne pousse pas beaucoup. Les purs amateurs de croisière n'y trouveront peut-être pas leur compte… mais ils pourraient bien changer d'avis après quelques heures de navigation !

2008

Pogo 10,50

Le plus rapide... pour aller à la plage !

Une quille pivotante pour un coursier !

Le mouton à cinq pattes de la fin des années deux mille, c'est lui. Concilier une quille pivotante pour musarder tout au bord et une carène *Open* surpuissante, c'était du jamais vu. Un pari audacieux devenu un vrai succès commercial... et repris par de nombreux architectes et chantiers depuis.

Un voilier aussi rapide qu'un voilier de course mais capable d'emmener une famille en croisière et même de s'approcher au plus près des plages, fréquenter les ports peu profonds, remonter les fleuves et rivières... C'est un peu le rêve que chatouille tout constructeur de bateau, mais sans y parvenir. Un 35 pieds taillé pour la régate cale rarement moins de deux mètres de tirant d'eau, les manœuvres sont exigeantes et le rappel indispensable pour faire tourner la machine au près. Des caractéristiques incompatibles avec un usage relax. À l'inverse, un pur croiseur a le plus grand mal, même préparé, à faire bonne figure dès que le niveau de compétition est relevé.

Le chantier Structures, déjà bien connu par ses *Pogo* de 6,50 et 8,50 m, a tenté de relever le défi avec son *10,50*, quasi-réduction de son *40* : coque extra-large en coin, étrave droite et entrées d'eau fines. C'est du Groupe Finot pur jus, ambiance *Open*. La coque, construite en infusion, est renforcée par deux grosses pièces longitudinales. Elles « *blindent la coque* », selon l'expression de Christian Bouroullec, patron du chantier. Le gréement élancé donne le ton : il est tout en carbone.

10
Pogo

Il existe une version mât alu et quille fixe (2,00 m de tirant d'eau) qui devrait afficher près *d'une tonne de plus au peson.* **La principale originalité du bateau se cache donc sous l'eau. Une quille pivotante de 1 040 kg dont le lest est concentré en partie basse, jusqu'à 2,80 m sous la surface. En 50 secondes, le moteur électrique remonte l'appendice sous la coque, comme sur un petit *First* Bénéteau**. Et là, le bateau flotte dans 1,05 m. Sous voiles, on ne traîne pas en route. Et sans s'épuiser. On garde tout dessus, même en solo, jusqu'à 20 nœuds de vent. Le barreur dispose de deux barres franches. Sa position de travail est excellente, au vent comme sous le vent. Bien calé, il tient le manche d'une main légère, sans jamais forcer. L'accastillage est simple et efficace.

À l'intérieur, l'ambiance est assez sobre. Le carré est constitué d'une desserte centrale, d'une table à deux abattants et de deux banquettes droites. Lesquelles sont astucieusement scratchées aux couvercles des coffres. Tables à cartes et cuisine sont disposées de part et d'autre de la descente. La première, très vaste, est riche en rangements grâce à des caisses plastiques également utilisées côté cuisine – elle profite d'une installation complète avec réchaud, glacière, évier et plan de travail. À l'arrière, une cabine double aérée par deux hublots. Quelques rangements sont prévus. À tribord, le chantier a aménagé une grande soute et le cabinet de toilette. Tout à l'avant, une autre cabine double plus dépouillée. Nulle débauche de boiseries dans ce *10,50*, donc, mais de vastes surfaces de polyester blanches faciles à nettoyer, et surtout beaucoup de volume. Ce modèle vient d'être remplacé par le *Pogo 36*.

Caractéristiques du *Pogo 10,50*

- Constructeur: Structures
- 115 exemplaires depuis 2008
- Matériau: polyester et sandwich mousse PVC
- Architecte: Groupe Finot
- Longueur de coque: 10,50 m
- Longueur à la flottaison: 10,50 m
- Largeur: 3,90 m
- Tirant d'eau: 1,05/2,80 m
- Déplacement lège: 3 500 kg
- Lest: 1 040 kg
- Surface de grand-voile: 34,00 m^2
- Surface de génois: 37,00 m^2
- Moteur: 18 ch Diesel

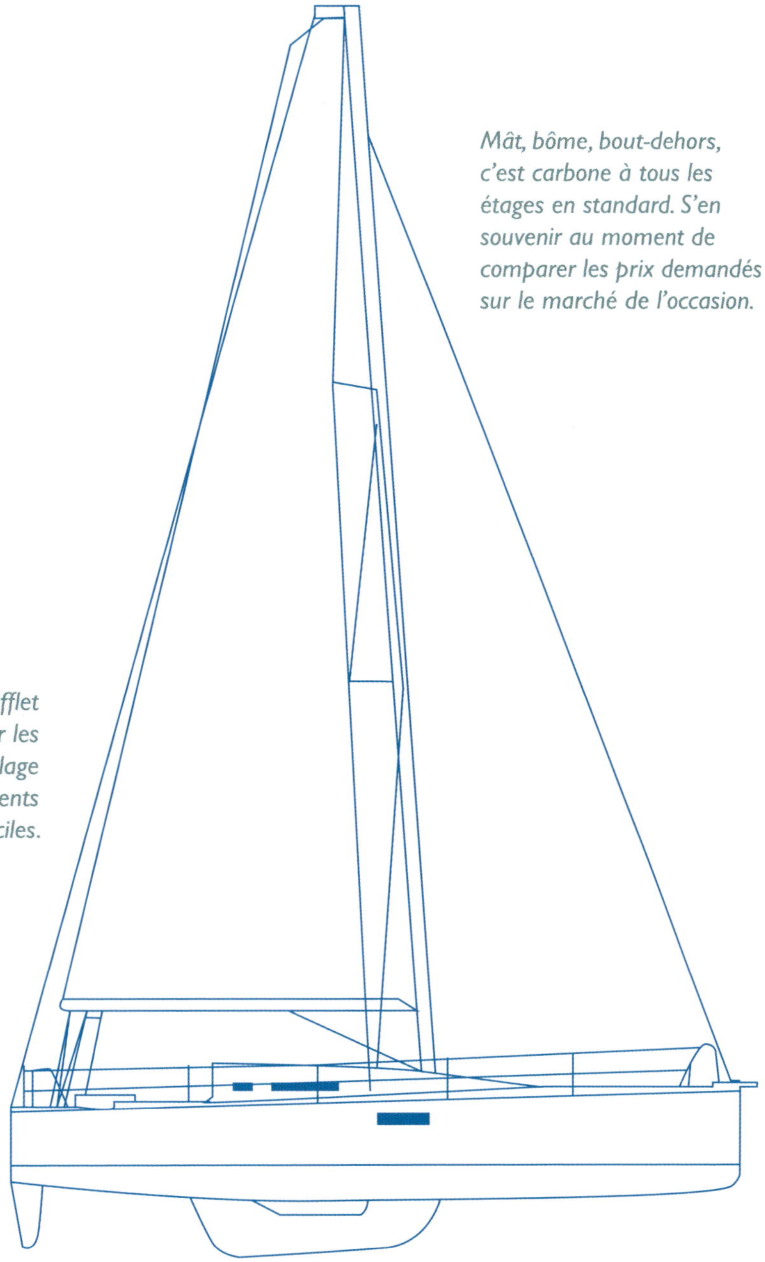

Mât, bôme, bout-dehors, c'est carbone à tous les étages en standard. S'en souvenir au moment de comparer les prix demandés sur le marché de l'occasion.

Le rouf en sifflet n'empiète pas sur les passavants et la plage avant. Les déplacements sont donc faciles.

Moteur en marche, il suffit d'appuyer sur un bouton pour relever ou descendre la quille en moins d'une minute.

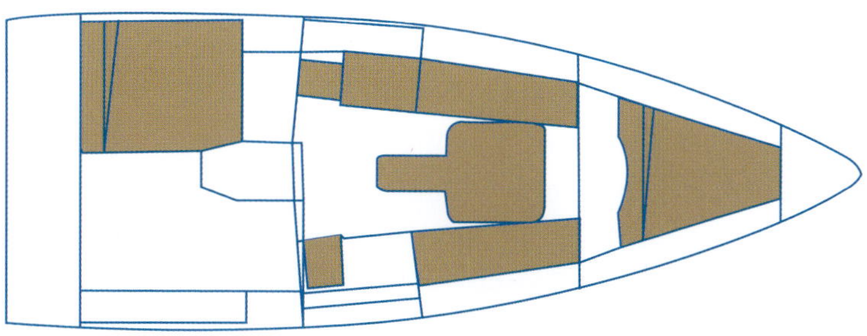

Avec son grand plateau de 90 x 70 cm, la table à cartes est un vrai bureau. Le siège incurvé cale les fesses du navigateur même à la gîte.

2009

Dufour 405 Grand Large

Il joue dans la cour des grands

Premier de la classe ?

Mis à part son franc-bord généreux et son gréement quelque peu raboté – quoique la version Performance lui redonne quelques chevaux – le *Dufour 405 Grand Large* adopte un design très soigné, digne des voiliers haut de gamme plus grands. Ajoutez des emménagements très aboutis, une plate-forme basculante, et vous n'êtes pas loin du croiseur idéal…

Exit le *Dufour 385* un peu pataud et place à un nouveau modèle sensiblement plus long et surtout beaucoup plus soigné en matière de design. **Un look et une carène qui n'ont rien à envier à la gamme sportive du chantier – on pense au très performant *Dufour 40*, bien sûr. Mais avec un franc-bord sensiblement plus haut, des hublots de coque à foison et un confort optimisé à l'intérieur comme sur le pont, le *405* fait bien partie de la gamme Grand Large, et, au sein de celle-ci, c'est certainement le modèle le plus séduisant !**

Son programme ? Assurer de belles croisières à bord d'un voilier marin et confortable. Seules véritables concessions par rapport aux voiliers typés régate du constructeur rochelais : un gréement plus court et un accastillage qui privilégie la facilité de manœuvres en équipage réduit. Avec un tirant d'air de moins de 17 m (18 pour la version Performance), le chantier a tenu à proposer un voilier facile à tenir. Du coup, le haubanage latéral du gréement à deux barres de flèches poussantes est ancré près du rouf pour border correctement le génois à fort recouvrement.

La carène en U, avec son étrave droite et sa quille à bulbe, est à l'image du look très réussi de ce modèle : elle affiche un net penchant pour la vitesse.

À part dans les tout petits airs, le *405* se révèle très performant : il atteint rapidement les 6,5 nœuds au près et déboule à 8 nœuds à toutes les autres allures. Il tient aisément toute sa toile jusqu'à 20/25 nœuds de vent, ce qui limite évidemment les réductions de voilure… Le bateau reste sur des rails : lâchez la barre, vous verrez !

Sur le pont, le *Dufour 405 GL* assume un peu plus sa vocation croisière familiale. La barre d'écoute est repoussée devant la descente et une imposante table extérieure trône au milieu du cockpit. Les hiloires, larges et plates forment des assises confortables. Tout à l'arrière, un coffre pour le bib et le tableau arrière basculant qui fait office de plate-forme de bain. Les manœuvres se concentrent sur 4 winches, une paire de 40 Harken sur le rouf, une autre de 46 pour les écoutes de génois et de spi, tout près du barreur. La circulation sur le pont est bonne : les passavants ne présentent pas de pièges et les mains courantes, ici en teck, sont au rendez-vous sur le rouf. À l'intérieur, beaucoup de lumière grâce aux nombreuses ouvertures et surtout une inhabituelle vue sur mer grâce aux nombreux hublots de coque. Le chantier proposait deux ou trois cabines. La première version, même si la cuisine est raccourcie (mais elle est plus proche de la descente, ce qui est préférable en mer), est plus séduisante en grande croisière avec son immense soute de rangement sous le cockpit. Dufour Yachts a soigné les finitions. Les menuiseries en acajou Moabi ne présentent aucun défaut de teinte et d'ajustements et les planchers en stratifié résistent à un usage intensif. Quelques toiles antiroulis à installer, et le *405 GL* sera paré pour une belle transat !

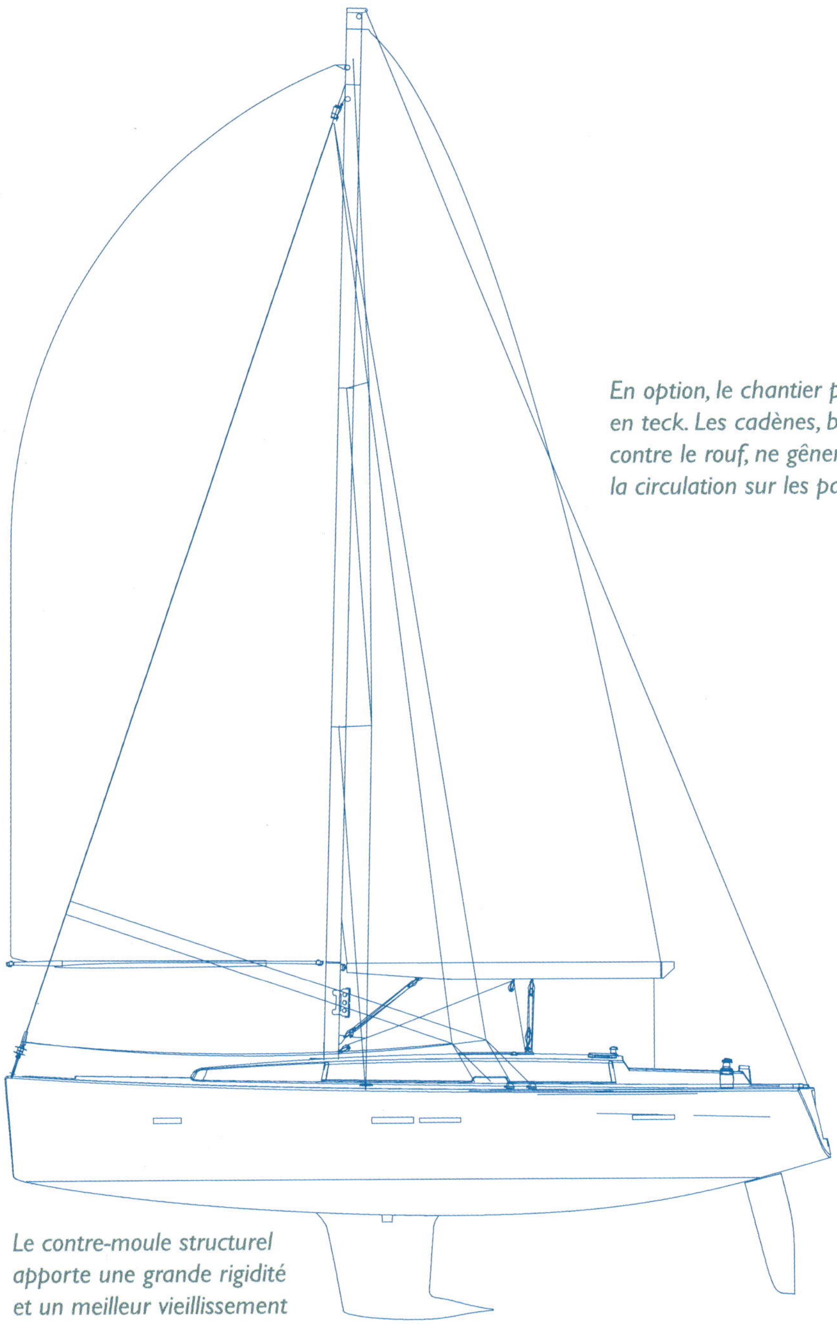

En option, le chantier proposait un pont en teck. Les cadènes, bien plaquées contre le rouf, ne gênent pas du tout la circulation sur les passavants.

Le contre-moule structurel apporte une grande rigidité et un meilleur vieillissement de la partie basse des emménagements, plus exposée à l'humidité.

Caractéristiques du *Dufour 405 GL*

- Constructeur : Dufour Yachts
- 300 exemplaires de 2009 à 2013
- Matériau : polyester
- Architectes : Umberto Felci/Patrick Roséo
- Longueur de coque : 11,90 m
- Longueur à la flottaison : 10,63 m
- Largeur : 3,98 m
- Tirant d'eau : 1,75 ou 2,03 m
- Déplacement : 8,99 t
- Lest : 2,34 t
- Surface de grand-voile : 36,60 m^2
- Surface de génois : 45,30 m^2
- Moteur : 40 ch Diesel

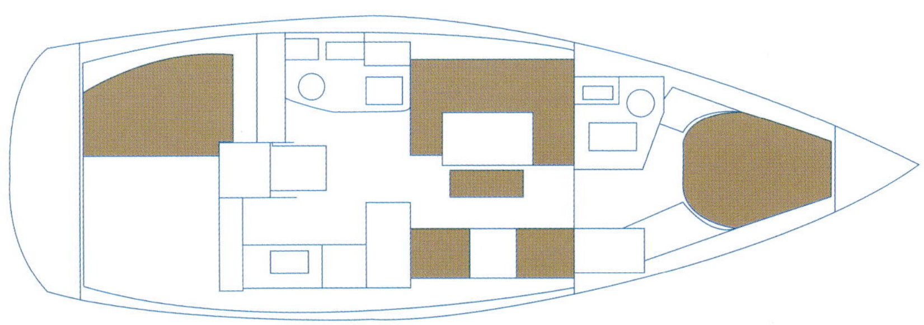

Sous les planchers, la cave ! Bien au frais et bien calées, les bouteilles participent également à un bon centrage des poids.

CE QU'EN DISENT LES CONSTRUCTEURS

Marion Excoffon

Conceptrice du *Tiwal*

Jeune diplômée d'une école de design industriel, Marion Excoffon décide de créer un petit voilier accessible à tous. Elle s'intéresse rapidement à la technologie des paddles gonflables pour lancer un dériveur très abouti, le Tiwal*, distribué aujourd'hui partout dans le monde à plus de 500 exemplaires.*

Quelles sont pour vous les principales innovations dans les voiliers depuis 50 ans ?

Grâce aux innovations en termes de matériaux, les voiliers ont évolué à tous les niveaux. L'arrivée des composites a permis de faire évoluer librement la forme des carènes. Les coques sont devenues de plus en plus légères avec l'infusion sous vide et le carbone. On va plus vite, plus loin, plus haut.
Mais si l'on regarde du côté de la voile légère, ces évolutions technologiques sont aussi un moyen de rendre la voile accessible au plus grand nombre. À commencer par le rotomoulage qui permet de réduire considérablement les coûts ou encore le gonflable qui rend la voile plus nomade et conviviale.

Quelles sont les innovations que vous avez apportées ?

Le *Tiwal* est le premier voilier conçu en textile à double paroi. La coque associée à une structure en aluminium est gonflée à haute pression. Cette combinaison crée une cohésion structurelle efficace et un design unique. La coque très rigide offre de belles qualités de navigation et de belles performances. Cette innovation technologique se met au service d'un objectif original. Le *Tiwal* tient dans deux sacs. Il est possible de le transporter dans son coffre et de le mettre à l'eau depuis n'importe quelle plage. Sur l'eau, le *Tiwal* fait évoluer la pratique de la voile. Sa prise en main est un jeu d'enfant et il peut aussi bien être utilisé en famille que dans des conditions de vent très sportives. Les ailes deviennent alors des dossiers pour s'installer confortablement ou des ailes de rappel. D'une innovation technique, le *Tiwal* devient une innovation d'usage, ou plutôt un retour à l'essence même de la voile, en permettant de recentrer sa pratique sur la facilité et le plaisir de naviguer.

Quelles sont les prochaines évolutions ?

Les prochaines évolutions pour *Tiwal* seront le prolongement de la philosophie du *Tiwal 3.2.* Nous voulons continuer de développer des supports fun qui démocratisent la pratique de la voile. Le *Tiwal 3.2* ramène déjà de nombreux pratiquants à la voile, alors qu'ils avaient abandonné cette activité.

“ 2010

Le plein de lumière et une hauteur sous barrots généreuse pour le Hanse 315.

Plus que jamais, les chantiers souhaitent coller aux desiderata de leurs clients plaisanciers. Du coup, le fossé se creuse encore entre les unités dédiées à la performance comme les *Pogo*, *JPK* et *Marée Haute* et les gammes des grands chantiers, comme celles des *Océanis* Bénéteau. D'autres constructeurs, comme X-Yachts, décident de segmenter à leur tour leurs gammes – ce qu'avait fait Bénéteau, encore lui, bien plus tôt, ainsi que Dufour.

Certains chantiers explorent des niches avec succès, comme Fora Marine ou Allures Yachting. Ceux-là proposent des produits particulièrement aboutis et parfaitement calibrés pour un programme. Ce qui ne manque pas d'intriguer, c'est que ces voiliers a priori très typés se vendent de mieux en mieux alors que les unités conçues pour un public plus large patinent un peu... Aurait-on atteint les limites du marketing ? Autre évolution notable : le désintérêt des grands chantiers pour les petites unités. Chez Jeanneau, le modèle d'entrée de gamme est le *Sun Odyssey... 349* !

Les voiliers, petits ou grands, continuent d'évoluer. Beaucoup de nouveaux modèles profitent des avancées technologiques et architecturales de la course au large : usage du carbone (mâts, renforts), voiles en composites, généralisation du spi asymétrique et du gennaker, adoption de deux safrans. Sur le pont fleurissent les anneaux de friction, qui remplacent les traditionnelles poulies. Les pilotes automatiques barrent désormais mieux que nous ou presque et les logiciels de navigation s'utilisent depuis des écrans tactiles extérieurs. Toujours plus larges à l'arrière, nos nouveaux voiliers adoptent le bouchain pour plus de puissance – meilleure stabilité de forme – tout en offrant un peu plus de volume dans les cabines sous le cockpit. Ce dernier se décale vers l'arrière ; la jupe arrière disparaît au profit de la plateforme basculante. Du coup, le rouf en profite pour gagner sur l'arrière, évidemment... Les deux postes de barre (à roue) se généralisent dès 30 pieds afin de préserver un passage central. Du côté des appendices, on note la quasi-disparition du dériveur lesté et de son saumon. Et un net regain d'intérêt pour la quille pivotante, le plus souvent attelée à un vérin hydraulique.

2010

Sense 50

Le confort d'un cata… sur un mono

Vive le cockpit surbaissé !

Les catamarans si confortables avec leur nacelle de plain-pied ont forcément donné des idées aux concepteurs de monocoques. Privilège Marine avec ses *Feeling 55* et *52*, Moody avec ses *45* et *54* ont exploré le cockpit surbaissé. Bruno Belmont, tête pensante de Bénéteau, le fait également avec sa gamme *Sense* qui fait l'impasse sur les cabines arrière… pour repenser totalement le croiseur!

Le *Sense 50* inaugure cette nouvelle gamme, une première après les *First*, *Océanis* et éphémères *Cyclades*. L'idée maîtresse est de supprimer les cabines arrière pour abaisser au maximum le cockpit – lui-même libéré de toute contrainte – de manière à limiter la différence de niveau avec la zone de vie, elle-même rehaussée. Du coup, trois petites marches et une très large descente connectent extérieur et intérieur. L'agrément de la vie à bord y gagne beaucoup.

Le concept *Sense*, imaginé par Bruno Belmont – une des figures les plus créatives chez Bénéteau –, a été décliné sur un éphémère *Sense 43*, sur le *Sense 46* et le sur *Sense 55*. **Le cockpit du *50* est donc plus bas que sur la plupart des autres croiseurs, plus large et surtout agencé de manière inédite.**

Les confortables banquettes des postes de barres sont amovibles pour offrir un large passage central vers la généreuse jupe arrière. Il est possible de fermer le tableau arrière grâce à un large panneau vertical escamotable. La table modulable du cockpit est décentrée sur tribord, toujours pour préserver un large couloir de circulation central. Un arceau supporte les éventuelles capotes et bimini, mais aussi les deux palans d'écoute de grand-voile – une formule déjà initiée par les plus grands *Océanis* et reprise depuis par tous les nouveaux modèles. Les manœuvres ont été soigneusement étudiées pour être prises en charge par un homme seul sans gêner le reste de l'équipage. Les bouts disparaissent en pied de mât dans des goulottes pour revenir sur les hiloires du cockpit. **En résumé, on profite à l'extérieur d'un agrément proche de celui qu'offre un catamaran. Vous serez donc surpris, on vous l'a dit, en pénétrant à l'intérieur, par le faible écart de hauteur entre fond du cockpit et plancher.**

Sense

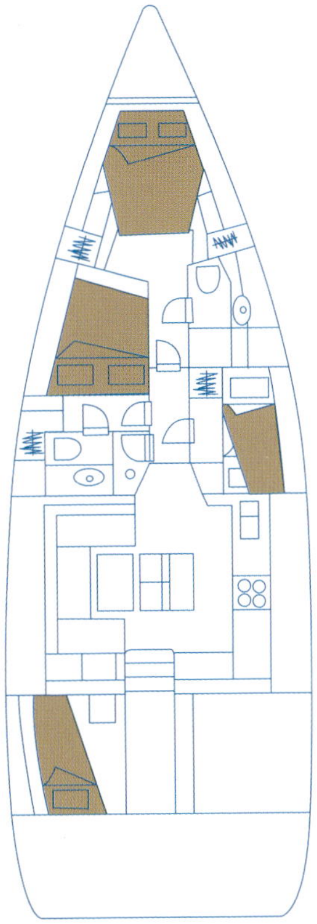

L'îlot central cache une banquette d'appoint, ce qui permet à deux convives supplémentaires de prendre place.

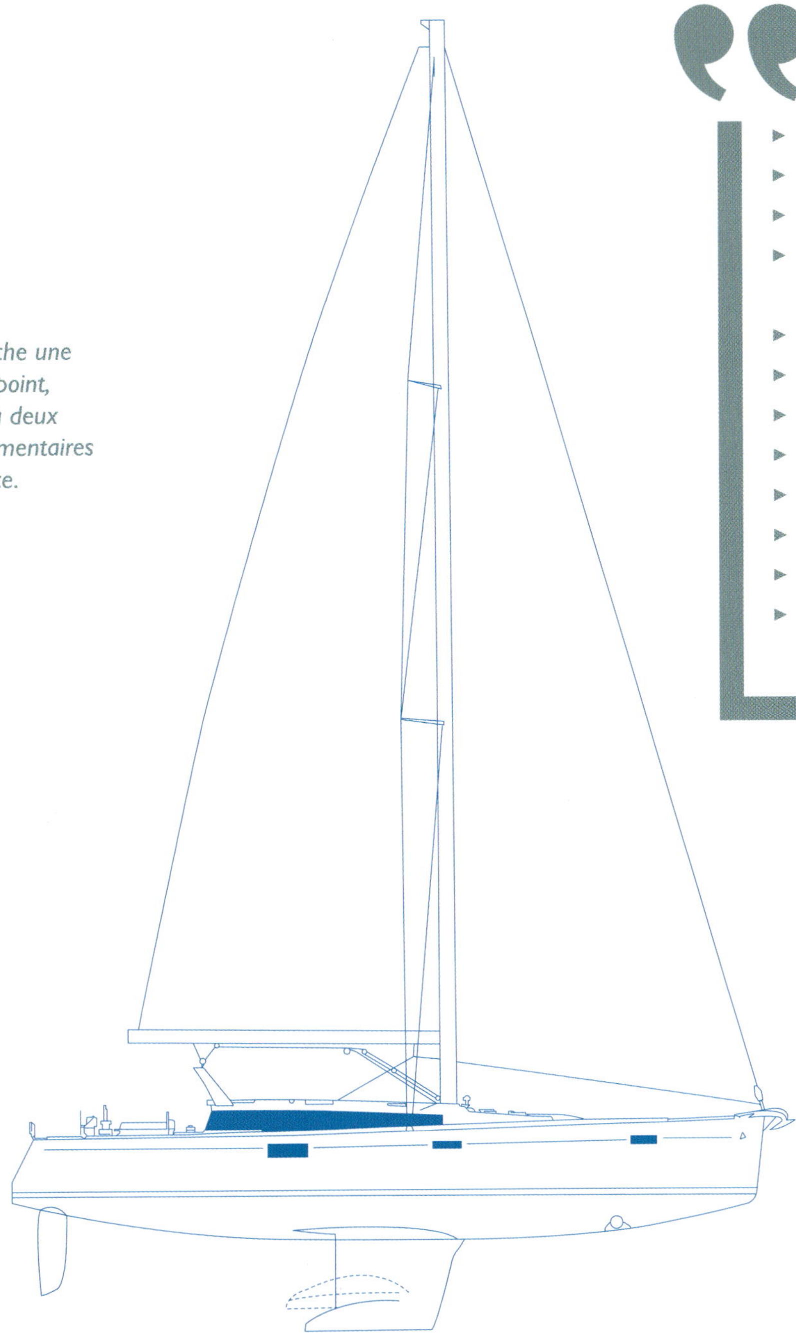

Les sièges de barre, très confortables, pivotent pour libérer un accès libre à la jupe arrière. La table de cockpit, modulable, est décentrée sur tribord. Le meuble central cache une assise supplémentaire.

Mis à part quelques capots ouvrants sur le pont, toutes les ouvertures sont verticales afin de limiter au maximum l'effet de serre.

Caractéristiques du *Sense 50*

- Constructeur : Bénéteau
- 100 exemplaires depuis 2010
- Matériau : polyester
- Architecte : Berret/Racoupeau et Nauta Design
- Longueur de coque : 14,98 m
- Largeur : 4,86 m
- Tirant d'eau : 1,85 ou 2,10 m
- Déplacement lège : 15,295 t
- Lest : 4,45 t
- Surface de grand-voile : 63 m^2
- Surface de génois : 60 m^2
- Moteur : 75 ch

C'est là l'un des principaux agréments du bateau. Entrer et sortir est tellement plus facile !

À l'intérieur, on a bien la possibilité d'installer une couchette d'appoint dans un grand coffre du cockpit à bâbord, mais le volume habituellement réservé aux cossues cabines doubles sert au stockage et aux équipements techniques. La zone centrale est dédiée à un grand carré, à une table à cartes et à une cuisine américaine XXL. Les cabines – deux doubles, une troisième avec deux lits superposés en option en lieu et place du bureau – sont donc repoussées vers l'étrave. Côté performances, le *Sense 50* se caractérise par une forte raideur à la toile, surtout avec le lest profond et de belles possibilités de vitesse. Au moteur, le fameux système Deck et Go – embase pivotante à 360° couplée au propulseur d'étrave, permet toutes les fantaisies de manœuvres au port. Une unité séduisante, innovante (trop ?) qui n'a pas connu le succès escompté.

2011

Sun Odyssey 409

Toujours la croisière… le design en plus

Le must du design

Au-delà du fameux millésime à trois chiffres que le *409* inaugure en 2010, le plan Philippe Briand parvient à marier design flatteur et parfaite adaptation à un usage de croisière familiale. Sans oublier d'intégrer à bord toutes sortes de trouvailles et d'astuces en matière d'accastillage et de modularité de nombreux éléments intérieurs. Un voilier très abouti… et très prisé.

Le lancement du *409*, premier *Sun Odyssey* à porter un matricule à trois chiffres, marque un tournant dans la gamme, jusqu'alors plus consensuelle. De quoi faire grincer quelques dents chez Dufour. La nouvelle gamme de Jeanneau n'a pas été du goût des artisans de celle des Grand Large, déjà abonnée aux trois chiffres. Au-delà de la querelle, le *405* découvre donc un concurrent très sérieux… Ce n'est pas la révolution : tout ce qu'on découvre à bord de ce nouveau Jeanneau existe déjà à bord d'autres voiliers.

Mais la nouvelle gamme, étrennée par ce modèle, marque un tournant plus net que les évolutions précédentes. Les *Sun Odyssey* « i », mis à part une construction qui fait appel à l'injection, s'inscrivait en effet dans une parfaite continuité. **Le *409* – suivi de près par un *439*, adopte une carène à bouchain évolutif. La carène gîtée gagne en stabilité de forme, donc en puissance. Le tableau arrière basculant, déjà adopté sur le *Dufour*, permet de reculer le cockpit et donc de gagner 80 cm de longueur dans la partie aménagée. Du nouveau sur le plan de pont, avec différentes combinaisons de voiles d'avant et des retours de manœuvres intégrés sous un faux-pont. Tout près du barreur, un winch électrique capable de border… et de choquer.** Les retours des manœuvres au barreur sont très plaisants pendant les longs bords ; en revanche, il arrive de se marcher un peu dessus pendant les virements et empannages – une habitude à prendre. Le rouf adopte des hublots au design moderne, plaqués à ras du pont.

À l'intérieur, des vaigrages sensiblement décalés des flancs du rouf mordent un peu de volume. Mais ils apportent une touche chic et cossue. Et une indéniable impression : celle d'être embarqué à bord d'un voilier à la finition très soignée. Le bateau est proposé en version deux ou trois cabines.

Comparé à son prédécesseur, le *39 i*, on gagne beaucoup de volume de rangement (doublé selon le chantier), mais la table à cartes perd au change. Sur l'eau, une barre un peu lourde et un pataras qui gêne le cuir chevelu du barreur ne sauraient nuire au potentiel indéniable de cette belle carène.

Servie par la configuration optimum – lest long, gréement Performance rallongé, génois à fort recouvrement et hélice repliable – le *Sun Odyssey 409* n'a pas grand-chose à envier à des unités a priori plus typées régate. En 2015, le *409*, rallongé à l'avant par une delphinière, devient *419*.

Caractéristiques
du *Sun Odyssey 409*

- Constructeur: Jeanneau
- 700 exemplaires depuis 2010
- Matériau: polyester
- Architecte: Philippe Briand
- Longueur de coque: 11,98 m
- Longueur à la flottaison: 11 m
- Largeur: 3,99 m
- Tirant d'eau: 1,55 ou 2,10 m
- Déplacement lège: 7,45 t
- Lest: 2,47 t
- Surface de grand-voile: 43,50 m²
- Surface de génois: 32,50 m²
- Moteur: 40 ch

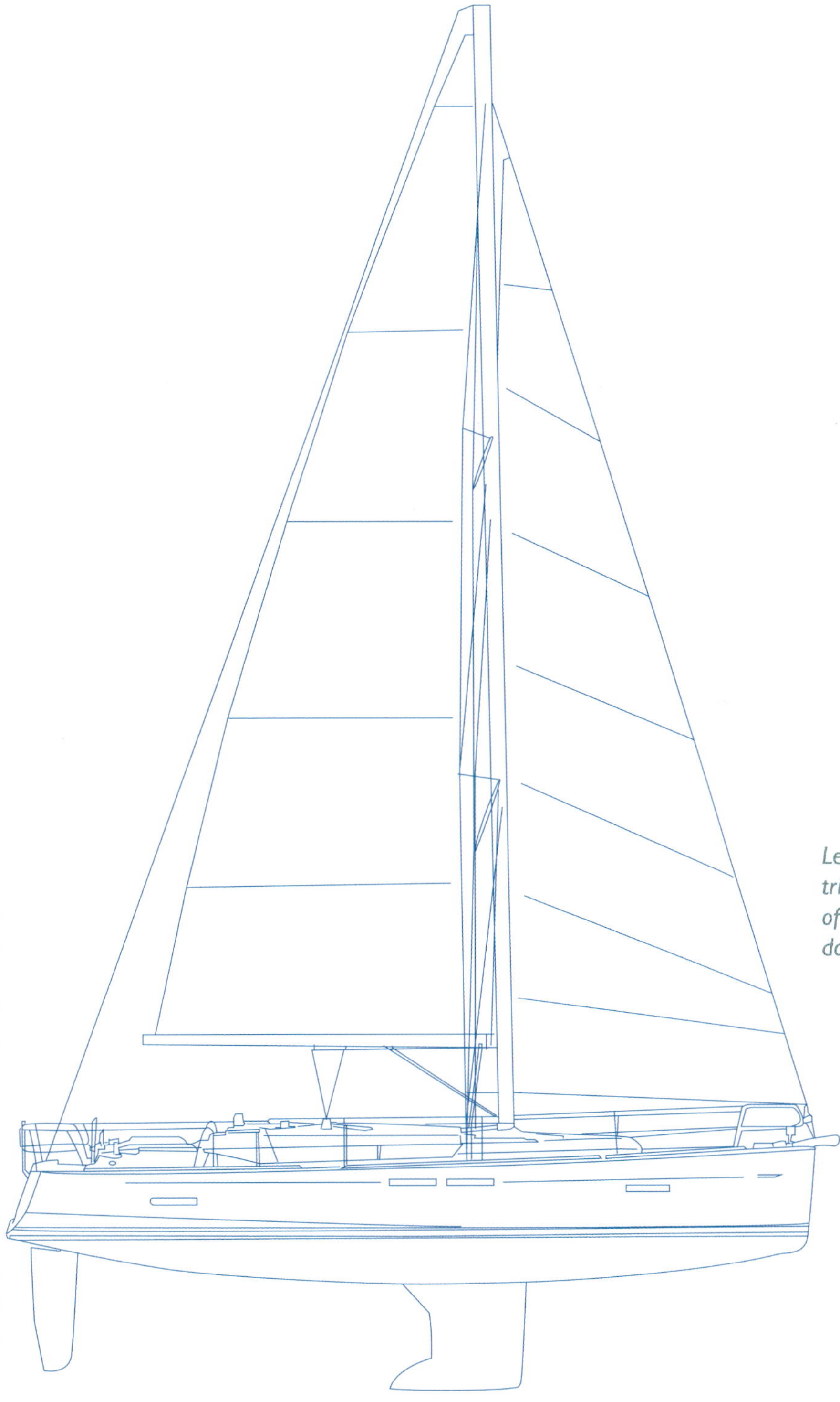

La plate-forme arrière permet d'agrandir le cockpit de 80 cm; les deux postes de barre sont du coup repoussés tout à l'arrière.

Les écoutes convergent vers des winches très reculés: pas besoin de quitter la barre pour régler la grand-voile et le génois.

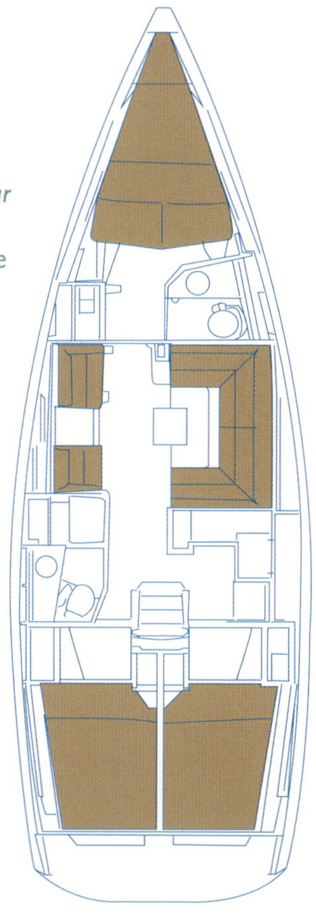

Le carré, décalé sur tribord, peut faire office de couchette double d'appoint.

Django 670

Un *Mini 650* pour la famille

3 m de large pour 6,50 m de long

Le chantier a l'excellente idée de reprendre une coque de *Mini 650* pour en tailler un croiseur rapide et volumineux (3 m de largeur tout de même!). Le *Yaka 650* issu du *Dingo* a fait son temps, place au *Django 670* – légèrement rallongé, donc – directement dérivé du *Dingo 2*. Le résultat, surtout avec la quille relevable, est une totale réussite.

Déjà présenté lors du Nautic 2012 à Paris, mais pas encore aménagé, le *Django 6.70* avait fait saliver les connaisseurs...
Il reprend le concept du précédent modèle du chantier Marée Haute, le *Yaka 6,50*. Soit une coque de *Mini* dotée d'un gréement légèrement raboté, d'un plan de pont simplifié, d'emménagements complets et d'appendices compatibles avec la croisière car l'échouage figure au cahier des charges.
Le *6.70* est logiquement issu du modèle de la dernière génération, le *Dingo 2*, dont la carène est plus puissante avec ses bouchains arrière. Mais cette fois, c'est une quille relevable dotée d'un bulbe qui a été mise au point, limitant le tirant d'eau à 60 cm, et non une configuration biquille (possibilité toutefois de commander un classique quillard). La quille sabre, guidée par les deux épontilles, est relevée en moins de trois minutes grâce à un winch Harken de 20, mise en place des goupilles de sécurité (avec des écrous papillon) comprise.
Pas d'inquiétudes quant à la qualité de construction : quand on produit des croiseurs de 6,5 m destinés à traverser l'Atlantique, on sait ce que structures, renforts et omégas signifient... tout en restant léger avec une construction en sandwich grâce au procédé de l'infusion. 7 nœuds de vent suffisent à animer ce croiseur à peine assagi. Le mât est juste raccourci de 50 cm et le bout-dehors est plus court. Le *670* file déjà au près à plus de 5 nœuds. La carène peut atteindre 5,8 nœuds à cette allure. Les bancs du cockpit sont confortables et les cale-pieds sont bien placés, on reste en place même par forte gîte. L'accastillage est simple, efficace : les réglages tombent sous la main dès les premières minutes de navigation.

Le spi asymétrique de 55 m^2 booste le plus petit des *Django* à près de 7 nœuds et le bateau est si raide à la toile qu'on tient le travers sans difficultés. Par 20 à 25 nœuds de vent, les 15 nœuds sont à votre portée. À l'intérieur, la hauteur sous barrots est de 1,47 m au pied de la descente. Les trois mètres de largeur offrent un volume surprenant pour un croiseur de seulement 6,50 m. Les banquettes sont astucieusement dotées d'un dossier qu'on peut placer en position carrée ou couchette de mer. On peut également matosser du matériel. La plus grande banquette est à tribord. Au centre, un coin cuisine, le w.-c. chimique et une mini-table à cartes. Dans l'étrave se niche une classique couchette double en pointe – 1,92 m de longueur, 50 cm de largeur aux pieds, 2 m à la tête. La finition est nette, plaisante, on se sent bien à bord. Beaucoup de possibilités pour ce voilier « tout en un » : la croisière côtière, bien sûr, mais également semi-hauturière (homologation en B possible) vu les qualités nautiques du *670*. Les vitesses atteintes par ce mini-croiseur ultra-véloce peuvent bien sûr intéresser les régatiers...

Caractéristiques du *Django 670*

- Constructeur : Marée Haute
- Matériau : sandwich polyester
- Architecte : Pierre Rolland
- Longueur de coque : 6,5 m
- Longueur à la flottaison : 6,5 m
- Largeur : 2,99 m
- Tirant d'eau : 0,6/1,6 m
- Déplacement lège : 1,1 t
- Lest : 0,45 t
- Surface de grand-voile : 22 m²
- Surface de génois : 15 m²
- Moteur : HB 4 à 6 ch

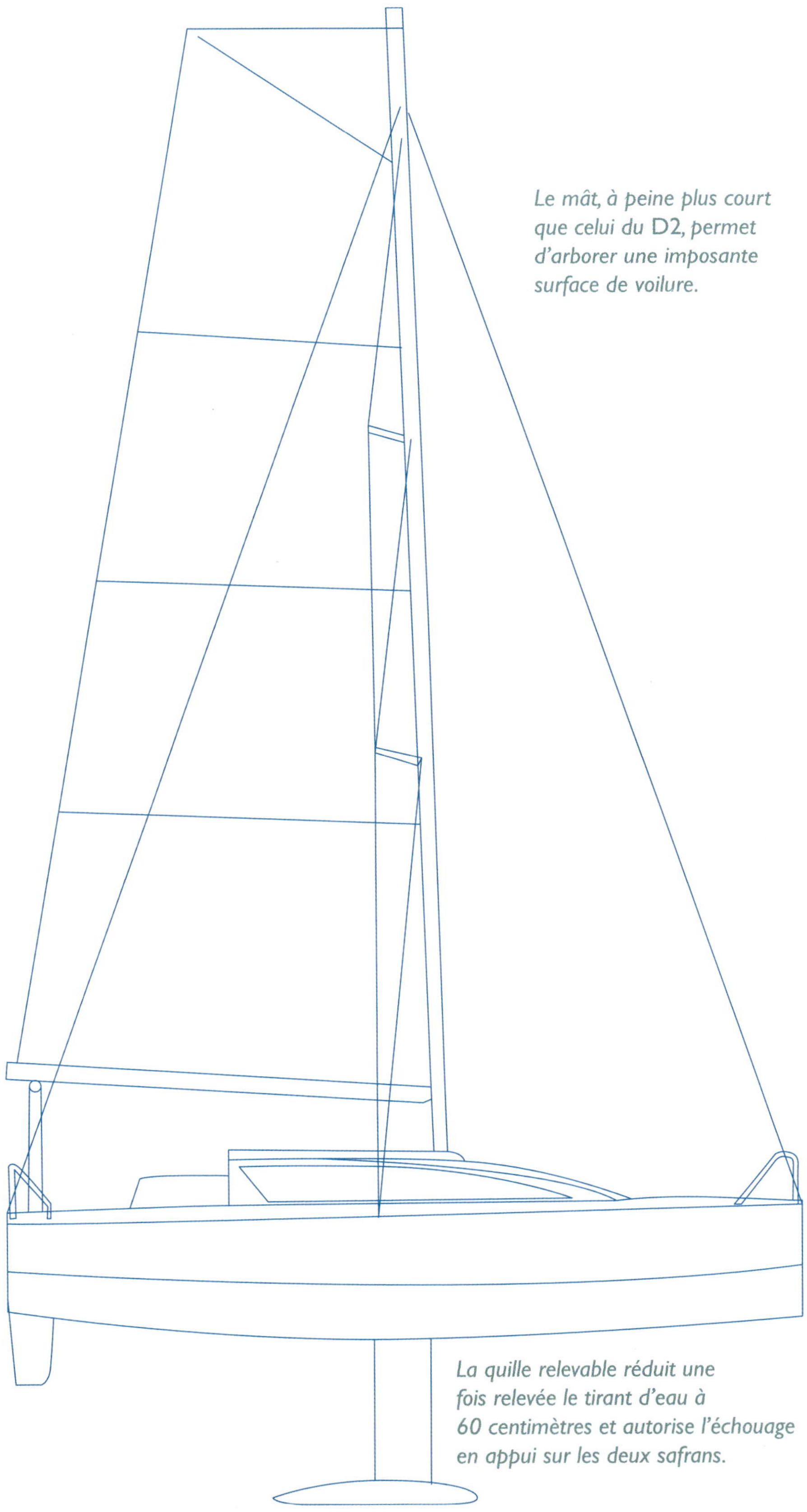

Le mât, à peine plus court que celui du D2, permet d'arborer une imposante surface de voilure.

La quille relevable réduit une fois relevée le tirant d'eau à 60 centimètres et autorise l'échouage en appui sur les deux safrans.

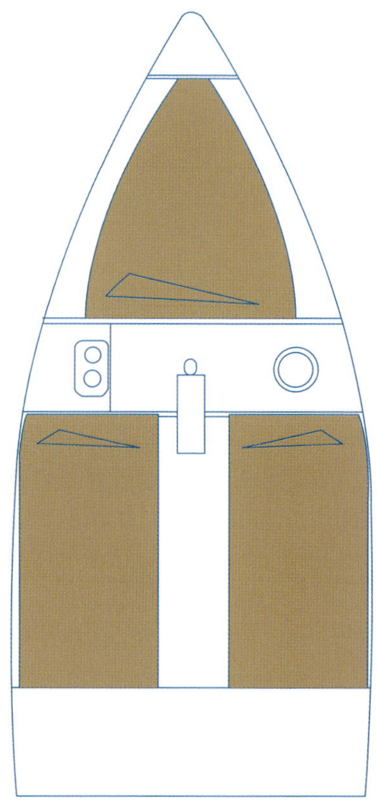

Des vraies couchettes de mer dans le carré : on y dort parfaitement calé, même à la gîte.

2013

Tiwal

Un dériveur qui tient dans le coffre

Vous l'emmènerez partout !

Le voilier gonflable n'est pas une révolution en 2013... mais le *Tiwal*, avec sa structure aluminium, son ergonomie et sa facilité de montage, offre des possibilités jusqu'alors inimaginables. Un vrai voilier performant et excitant qui se range dans le coffre de la voiture et se monte en vingt minutes, ça donne des idées, non ?

Vous rêviez d'un vrai voilier qu'on range dans un coffre comme une annexe ? Eh bien le voilà ! Pour être précis, le *Tiwal*, gréement compris, rentre dans deux sacs. Un pour la coque de 35 par 40 par 150 cm qui pèse 26 kg, un autre de même gabarit pour le gréement et la structure de 24 kg. Bref, vous rabattez un siège et ça rentre dans votre voiture... ou dans la soute à voile de votre voilier. C'est Marion Excoffon, même pas 30 ans, diplômée de l'École nationale supérieure de création industrielle qui l'a imaginé, ce petit dériveur jaune, gris et noir. Et son histoire est amusante : le père de Marion, en ne voulant pas lui prêter le *First 30* familial, va précipiter le destin de la jeune femme. Elle se lance un défi de naviguer sur son propre voilier.

Au départ, Marion travaille sur les coques en toile à structure légère et pliable, comme les kayaks *Nautiraid*. Et puis on observant les stand up paddles gonflables, c'est le flash. Le gonflable à double paroi renforcé de multiples fils encollés offre une rigidité étonnante. Pour intégrer le puits de dérive et assurer un maximum de sécurité, Marion opte pour deux boudins. Il est tout de même nécessaire d'élaborer une structure clipsable en aluminium, laquelle fait office d'ailes tout en soutenant le gréement. Des coussinets sont prévus pour limiter les points de contact alu contre alu, mais il conviendra de soigneusement rincer les tubes lors du rangement. **Le montage réclame 20 minutes et se déroule en six étapes.** On commence par gonfler partiellement la coque à l'aide du gonfleur électrique basse pression fourni. On installe le puits de dérive, puis la structure dont les éléments s'emboîtent et se fixent facilement grâce à leurs cliquets-ressort. La structure est ensuite solidaire de la coque grâce à des bandes auto-agrippantes.

TIWAL
TIWAL

On achève le gonflage avec la pompe manuelle pour atteindre une pression de 0,8 bar (soit 11 psi). Puis les éléments du mât sont assemblés, la voile est enfilée comme celle d'un *Topper* et le tout rejoint l'emplanture de mât. Un gonfleur rechargeable haute pression est disponible en option. Ce gonfleur permet de gonfler entièrement la coque sans la pompe manuelle. Ajoutez une voile à corne sans bôme, des appendices soignés et un accastillage bien pensé, et vous voilà à la barre d'un petit voilier ludique. La voile standard de 5,4 m^2 peut être remplacée par une 7 m^2, toujours sans bôme. Sur l'eau, le *Tiwal* affiche des performances étonnantes. Il remonte très bien au près, vire sur place et ne demande qu'à surfer à plus de 10 nœuds au largue par bonne brise. Combinaison de rigueur évidemment. Dans ces conditions sportives, il est préférable de naviguer seul, les fesses calées sur l'aile au vent, et de bien se reculer pour soulager l'étrave. Avec des conditions plus clémentes, deux adultes peuvent prendre place à bord puisque la charge utile annoncée est de 180 kg.

300 *Tiwal* ont déjà été vendus. Et c'est à bord des voiliers de grand voyage que ce support plaît le plus... Quoi de plus plaisant que de tirer quelques bords dans un mouillage de rêve bien abrité pour découvrir les criques ou la mangrove ?

> **Caractéristiques du *Tiwal***
> - Constructeur : Tiwal
> - 300 exemplaires depuis 2013
> - Matériau : PVC et aluminium
> - Architecte : Marion Excoffon
> - Longueur de coque : 3,2 m
> - Largeur : 1,6 m
> - Déplacement lège : 50 kg
> - Surface de grand-voile : 5,4 ou 7 m^2

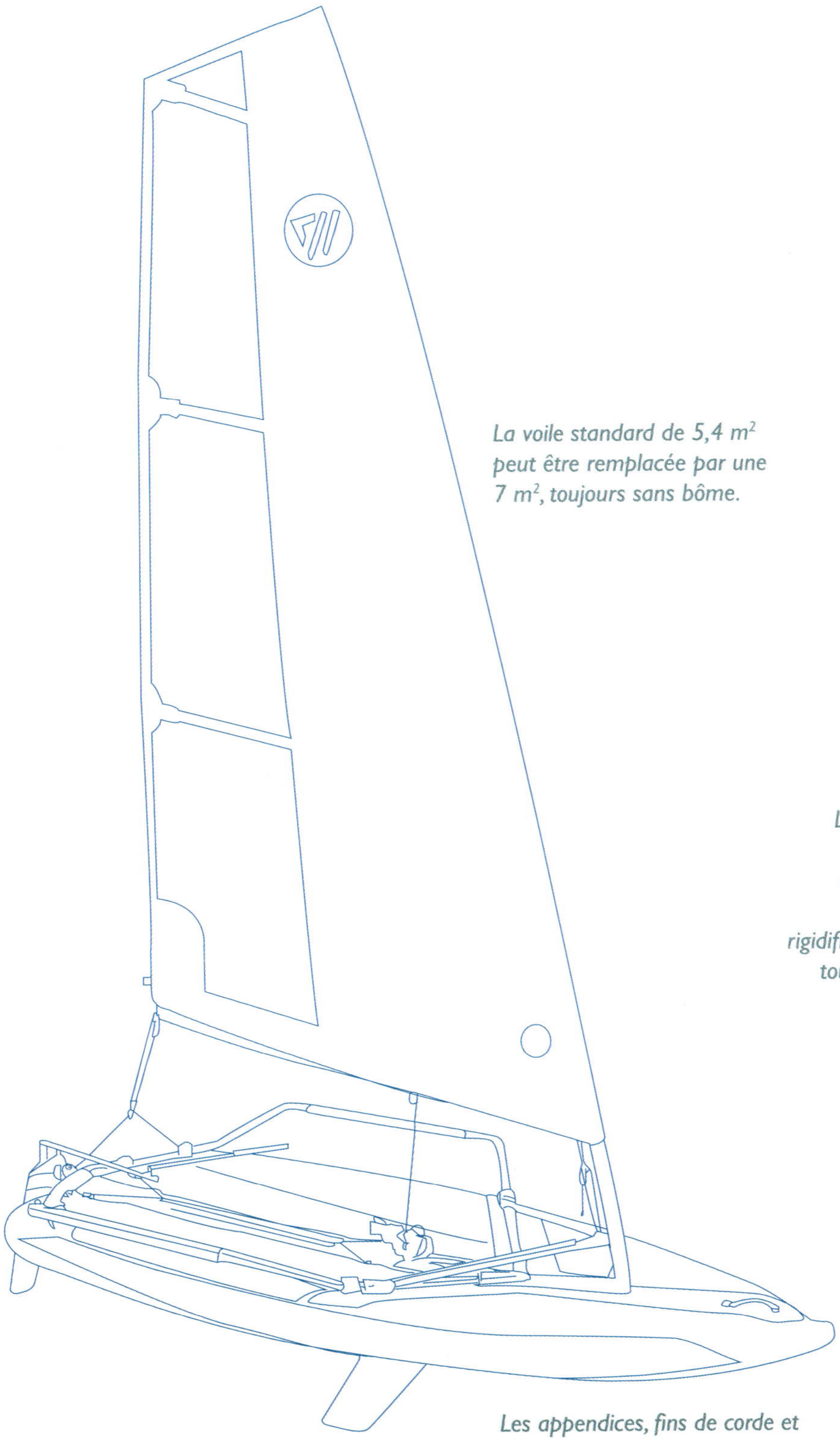

La voile standard de 5,4 m^2 peut être remplacée par une 7 m^2, toujours sans bôme.

Les appendices, fins de corde et parfaitement profilés, n'ont rien à envier à un dériveur de compétition.

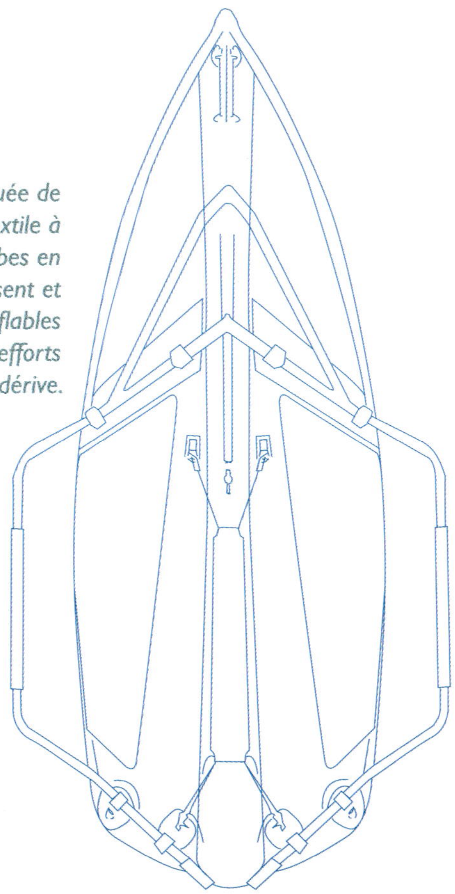

La coque est constituée de deux boudins en textile à double paroi. Les tubes en aluminium se clipsent et rigidifient les boudins gonflables tout en reprenant les efforts du mât et de la dérive.

2014

Outremer 45

Le parfait compromis vitesse/confort

La relève est assurée

Certes, le 45 cuvée 2014 n'a plus le déplacement ultra-light de son prédécesseur de 2000… Mais avec ses carènes fines, ses dérives profondes, son plan de voilure puissant et sa nacelle réduite, il reste un des catamarans de croisière les plus rapides du marché tout en offrant un confort quasi douillet. Soit un compromis particulièrement bien réussi.

Même si la nouvelle gamme a mis l'ancien *45* sur la touche, ce best-seller méritait assurément un successeur. Le chantier a pris son temps, mais semble avoir gagné son pari.

Le dernier-né n'a plus grand-chose à voir avec son prédécesseur lancé en 2000. Si les dimensions générales restent identiques ou très proches – longueur, largeur, surface de voilure – le nouveau a pris quelques kilos : 8,7 t au peson quand son prédécesseur en faisait 6,1.

Pourtant, la construction des œuvres mortes fait désormais appel au sandwich mousse là où l'ancien modèle jouait la carte du « tout monolithique » pour simplifier les éventuelles réparations. **Bien inspiré, le quatuor Barreau/Neuman (les architectes), Le Quément (consultant design à qui doit un paquet de Renault) et Darnet (design intérieur) a encore amélioré les recettes du *49* devenu *51* et du *5X* pour offrir un catamaran très élégant, avec un petit zeste d'agressivité bienvenu : coques extérieures creusées, étraves et tonture de pont inversées.**

outremer
Orialine III
45
outremer

Nous voilà donc bien loin du rouf en méduse de l'ancien *45* et de ses coques ultra bananées. Le plan de pont, grâce au rouf très discret, est particulièrement fluide : passavants très larges malgré le cale-pieds moulé sensiblement décalé du livet de pont, mains courantes inox et trampolines XXL. Le chantier n'a pas souhaité répondre à la tendance du « tout à portée du barreur » et a réparti les manœuvres sur quatre zones avec discernement. Au pied de mât sont frappées les drisses de solent, de spi et de gennaker. Inutile de les faire revenir vers l'arrière pour traîner des frottements et des mètres de bouts en sus. Sur chaque coque, un winch prend en charge l'écoute de gennaker ou de spi et le bout de relevage de la dérive. Celui de bâbord gère également la barre d'écoute. Les manœuvres « sensibles » sont quant à elles à portée du barreur. La barre carbone (une option) est très douce ; on mène la bête comme une voiture sans permis, ou presque. Avec 13 nœuds de vent, vous voilà à 7,5 nœuds à 45° du vent vrai. Le gennaker peut être déroulé assez tôt, autour de 60° du vent réel. Au travers, il vous propulse à 10 nœuds sans aucun effort avec un sillage à peine marqué.

On accède à l'intérieur sans franchir de seuil. Les portes vitrées, ouvertes, forment un parfait carré – 1,77 m de hauteur comme de largeur. Mais la hauteur sous barrots est ensuite plus confortable, frisant les deux mètres. La finition est soignée, rien à voir

Les hublots verticaux sur l'avant assurent une vue parfaite sur le plan d'eau sans souffrir d'effet de serre quand le soleil grimpe vers le zénith.

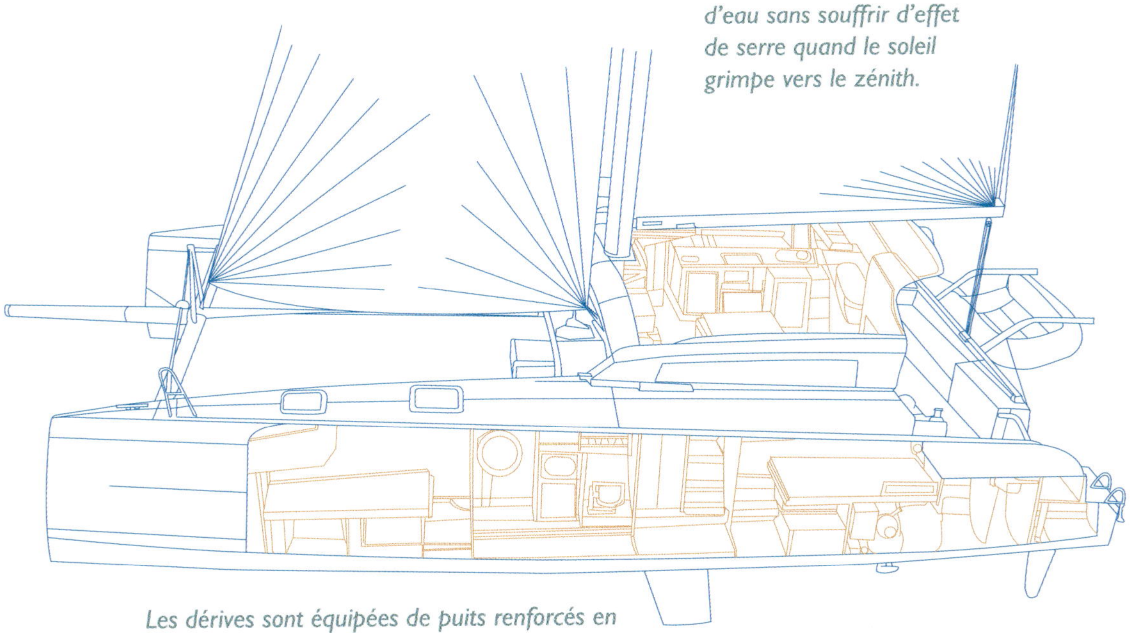

Les dérives sont équipées de puits renforcés en partie basse de façon à ne pas trop remonter sur le pont quand elles sont relevées.

Caractéristiques de l'*Outremer 45*

- Constructeur : Outremer Yachting
- 30 exemplaires depuis 2014
- Matériau : sandwich verre/polyester
- Architectes : Barreau/Neumann
- Longueur de coque : 13,77 m
- Longueur à la flottaison : 13,77 m
- Largeur : 7,1 m
- Tirant d'eau : 0,8/2,2 m
- Déplacement lège : 8,7 t
- Surface de grand-voile : 69 m^2
- Surface de génois : 40 m^2
- Moteur : IB 2 x 30 ch

avec les *Outremer* ancienne génération. On apprécie la vue panoramique et les hublots verticaux à l'avant. Le chantier est parvenu, alors que le volume de la nacelle doit être deux fois inférieur à celui d'un *Lagoon 450*, à préserver une excellente sensation d'espace. Les coques ne sont emménagées qu'en partie centrale dans un souci de centrage et de contrôle des poids. On ne s'étonnera pas, dès lors, de ne compter qu'un seul cabinet de toilette sur chaque bord là où la plupart des catamarans de cette taille en affichent deux… Trois versions sont proposées : Propriétaire avec une coque tribord dédiée, Club avec quatre cabines et Offshore avec une cabine/atelier dans la pointe avant tribord. **Déjà commandé à 30 exemplaires, l'*Outremer* 45 est donc bien parti pour devenir le nouveau best-seller du chantier**.

2015

Rêvolution 29

Le scow en héritage

La carène de scow en croisière

Après le 22 lancé en 2012, le 29 est donc le deuxième voilier de croisière à adopter la carène des scows, si populaires outre-Atlantique. Ces plats à barbe, déclinés sur des dériveurs légers – *Sunfish*, *Topper*, etc. – ont d'ores et déjà démontré leur suprématie en vitesse et en stabilité. Reste à convaincre les adeptes de la croisière !

Les carènes de scow – toutes plates et larges à l'étrave – ont été imaginées il y a déjà plus d'un siècle sur la côte est des États-Unis. Parfois à la peine dans le clapot court au près, elles affichent dès le débridé des performances insolentes. Lesquelles ont inspiré de nombreux dériveurs légers. **Mais du côté des voiliers habitables, il aura fallu attendre 2010 pour que l'architecte/navigateur David Raison ait l'excellente idée, et le culot, de décliner le concept.** Son *Mini 6,50 747 Magnum* – en référence à son museau arrondi – ne tarde pas à s'imposer dans la plupart des épreuves de la classe et surtout remporte la Mini en 2011.

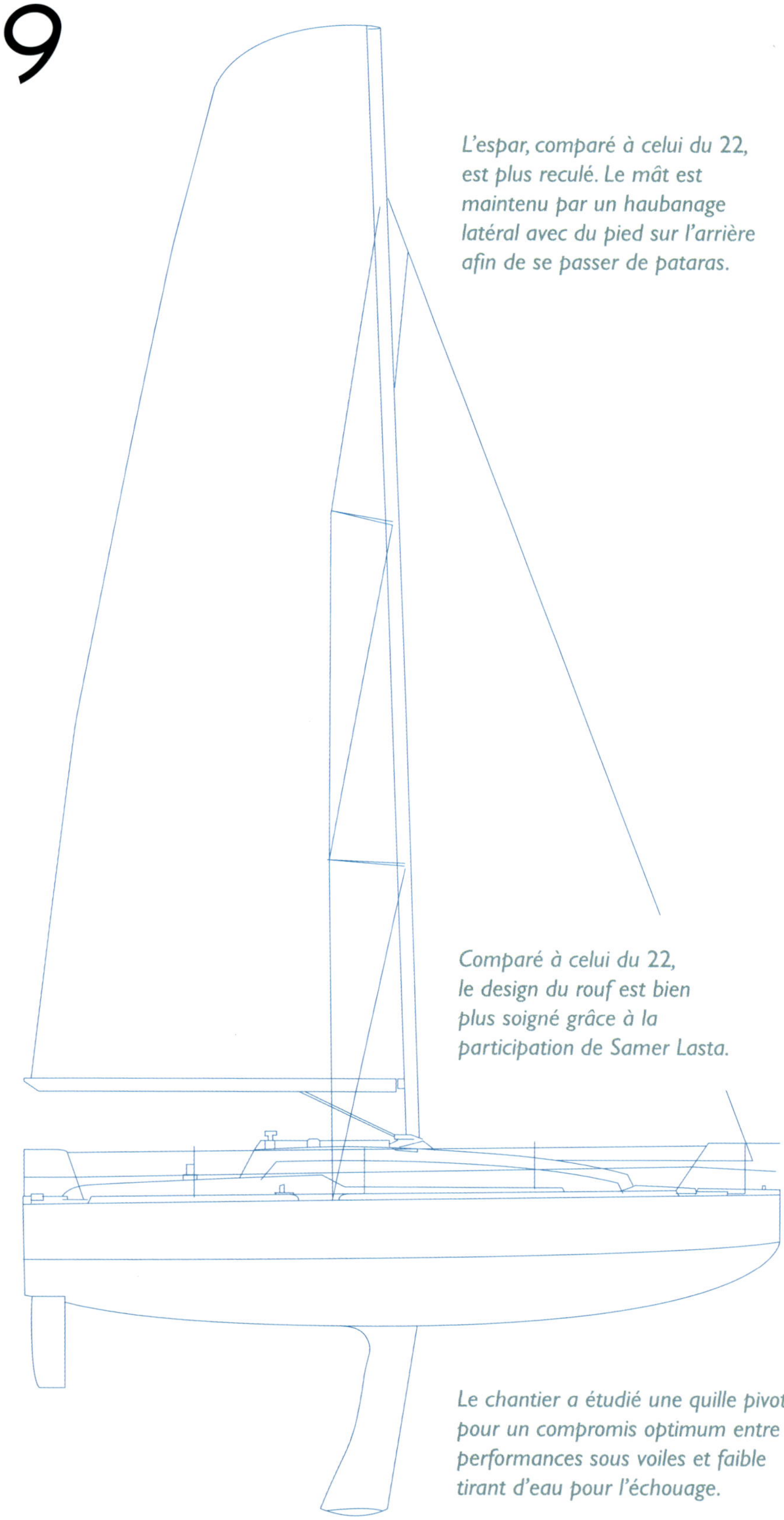

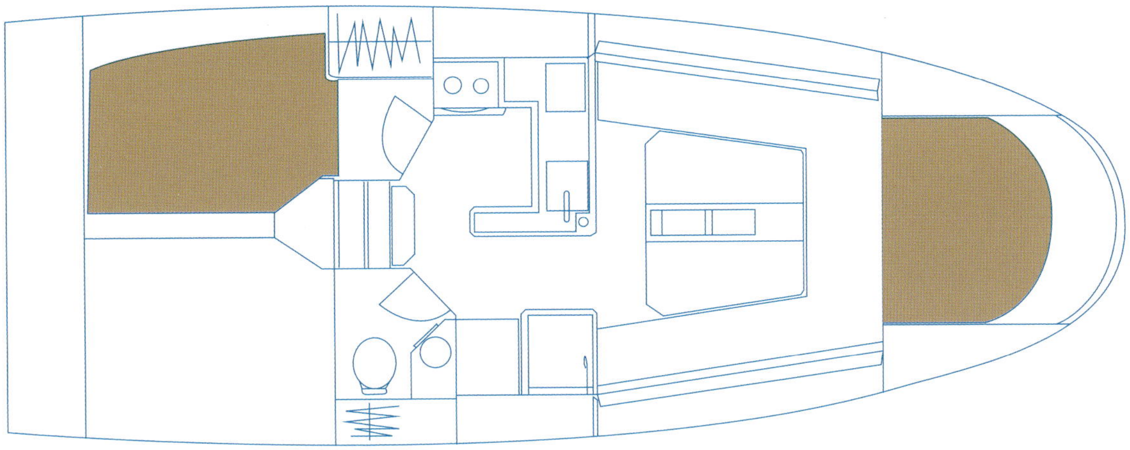

Le carré profite du volume disponible et se décale vers l'avant tout en offrant un beau lit breton qui prend ses aises dans l'étrave ronde. Sensible à la préservation de l'environnement, AFEP Marine utilise pour ses finitions du liège projeté et non des essences de bois exotique.

Caractéristiques du *Rêvolution 29*

- Constructeur : AFEP Marine
- Matériau : aluminium
- Architecte : David Raison
- Longueur de coque : 8,90 m
- Largeur : 3,5 m
- Tirant d'eau : 1,1/2,6 m
- Déplacement lège : 4 t
- Lest : 1,1 t
- Surface de grand-voile : 36 m^2
- Surface de génois : 29 m^2
- Moteur : IB 18 ch

David Roy, patron d'AFEP Marine, le sollicite pour dessiner le *Rêvolution 22* en 2012. La carène est bien celle d'un scow, mais avec plus de franc-bord pour l'habitabilité intérieure. **Le chantier, spécialiste de la construction aluminium, opte pour ce matériau – un choix inédit pour cette taille de voilier.** Le *Rêvolution 29*, présenté pour la première fois à Paris au Nautic 2015, est donc le grand frère du *22*. Le volume offert à l'intérieur est logiquement plus spectaculaire encore. Le carré relativement avancé – il se poursuit par un lit breton – permet de faire la part belle à une cuisine en U idéale pour se caler à la gîte et d'une table à cartes. On peut compter bien sûr sur un cabinet de toilette au pied de la descente et sur une grande cabine double sous le cockpit à bâbord. Les emménagements privilégient le blanc et le bois naturel. Ils sont également généreusement baignés par la lumière naturelle grâce à de très nombreuses ouvertures. Mais les panneaux zénithaux devront sans doute être obturés par temps chaud. Sur le pont, toujours de l'aluminium apparent et le liège projeté en guise d'antidérapant. Le plan de voilure reculé privilégie la grand-voile – pas de pataras. La surface de voile généreuse devrait sans peine déhaler à bonne allure les 4 tonnes du *Rêvolution 29*. Le bateau, servi par des appendices très soignés, sera certainement très puissant puisque le lest est concentré en bas de la quille pivotante et que la carène très large assure une stabilité de forme bien supérieure à celle des dessins plus « traditionnels ». **Certainement le croiseur le plus révolutionnaire de ces dernières années, même si, on l'a dit plus haut, son concept de carène, lui, n'a rien de nouveau !**

CE QU'EN DISENT LES CONSTRUCTEURS

Fabio Muzzolini
Commercial au chantier Marée Haute

Diplômé de l'INB – Institut Nautique de Bretagne –, Fabio Muzzolini a été tout récemment embauché comme commercial par le chantier Marée Haute, spécialiste des voiliers de croisière (très) rapides dont la conception est très étroitement liée aux dernières évolutions de la course au large.

Quelles sont pour vous les principales innovations dans les voiliers depuis 50 ans ?

Les principales évolutions sont les matériaux et la forme des carènes. Les nouvelles technologies de construction sont parvenues évidemment à réduire le poids des bateaux. Les colles ont permis aussi d'apprécier et d'envisager la forme des carènes de manière plus légère et pragmatique. La structure du bateau a pu être considérablement simplifiée.

Une autre évolution importante est celle des bouchains. Les carènes sont devenues plus stables et plus puissantes. L'évolution entre le *Django 7.50* et *7.70* vient principalement de cette nouvelle carène à bouchain, et le bateau a ainsi affirmé son caractère passe-partout.

Quelles sont les innovations apportées par votre chantier ?

Je pense que l'une des principales innovations du chantier est le biquille performant. Même si d'autres chantiers proposent cette version, les *Django* sont vraiment réputés pour être véloces sur l'eau. Ils continuent de doubler des unités bien plus grandes, tout en faisant un joli cap au près. La construction permet également un échouage très simple. Si le *Django 6.70* n'est pas disponible en biquille, il est proposé en quille sabre et sa simplicité d'usage permet de se faufiler entre les rochers de l'Atlantique et de s'échouer dans des lieux incongrus (banc de sable, bords de rivières, etc.)
D'autres innovations existent sur les bateaux plus grands : puits de chaîne central, calepieds en composite, capote rigide... Elles sont aussi dans l'infusion. Le chantier a su rester innovant dans ses secrets de fabrication dans l'infusion, en restant à l'affût de nouveaux matériaux et techniques.
Pour le *Django 6.70*, les autres innovations sont également la réutilisation d'une coque d'un voilier de course.

Le chantier Marée Haute est le constructeur des fameux Django. *On en sait plus sur le 6,70 dans les pages 168 à 171.*

Les autres bateaux

2006
2015

▸ 2006

Mahé 36
C'est le plus petit catamaran de la gamme Fountaine-Pajot actuelle. Pour un couple et leurs enfants, c'est un excellent support.

Sun Odyssey 39 DS
La carène du *39i* en version salon de pont. Avec un mât Performance et 10 m^2 de surface de voilure en plus, il devient un croiseur tout confort et vif en navigation.

▸ 2007

Océanis 37
Au sein de la génération Jean-Marie Finot, ce 37 pieds est sans doute le plus vivant sous voiles et le plus plaisant à l'œil.

▸ 2008

Moody 45
Cockpit et salon de pont sont au même niveau. Un détail qui change tout !

Tricat 25
Idéal pour une famille en quête de vitesse sur l'eau.

▸ 2009

Lagoon 400
Un peu moins de volume que le 420/421 pour de meilleures performances, une robustesse à toute épreuve.

Tofinou 12
Design néoclassique, coque polyester et superstructures en bois pour cette unité à l'habitabilité suffisante pour quelques nuits.

▸ 2010

Malango 999
Le grand frère du *870* offre lui un immense cockpit et un garage à annexe.

Django 770
Élu Voilier de l'année, ce croiseur rapide et marin est capable de s'offrir de belles traversées.

▸ 2011

Dufour 36 Performance
Le dernier de la gamme Performance. Grâce à de nombreux équipements amovibles, il sait jouer sur le tableau de la croisière rapide et de la régate.

Leopard 44
Il étrenne le cockpit avant accessible par la nacelle !

Code 0
Coup de maître pour ce racer néorétro tout carbone. Dog house à l'ancienne et performances au top.

▸ 2012

Dehler 38
Il étrenne une nouvelle gamme bien plus séduisante sur le plan du design que les anciens modèles.

J/70
Plus facile à transporter et moins cher que *le J/80*, ce nouveau monotype parvient à s'imposer sur de très nombreux plans d'eau.

Neel 45
Il invente le principe de la nacelle d'un catamaran sur la plate-forme d'un trimaran.

▸ 2013

Sun Odyssey 349
C'est LE best-seller de Jeanneau aujourd'hui. Élégant, rapide et très plaisant à manœuvrer.

Allures 39.9
Le remplaçant du 40 offre un peu plus de volume à l'arrière et des emménagements plus séduisants encore.

▸ 2014

RM 1070
Rapide, élégant et toujours biquille, toujours construit en contre-plaqué époxy et toujours un carré panoramique !

Bali 4.3
Un concept open très séduisant : plus de frontière entre la nacelle et le cockpit et une baie frontale qui s'estompe complètement.

▸ 2015

Dufour 350 Grand Large
Silhouette bien balancée, emménagements plein d'astuces et deux postes de barre, voilà un croiseur qui sait séduire.

Ikone 750
Élu Voilier de l'année, ce cat-boat biquille offre un volume exceptionnel pour sa taille.

Hanse 315
Jusqu'à présent, les plus petits *Hanse* n'avaient pas la classe des grands. Le *315*, si !

Et en

2020 ?

Et en 2020 ?

Que nous réserve l'avenir ?

Exercice évidemment difficile voire périlleux que d'imaginer le voilier de demain ! À l'heure où nous bouclons cet ouvrage, nous pouvons sans grands risques tabler sur une utilisation toujours plus importante du carbone. Moins cher qu'il y a dix ans, mieux maîtrisé techniquement, ce matériau a de beaux jours devant lui dans le domaine de la construction navale de plaisance. Il est en effet bien plus rigide et léger que les tissus de verre traditionnels.

Les nouvelles résines, à l'instar de l'*Elium* développé par Arkema, seront très certainement utilisées à la place du polyester et même de l'époxy. Thermoplastique et non plus thermodurcissable, cette résine révolutionnaire n'émane plus de styrène, durcit très rapidement et peut se recycler. Un sacré progrès à l'heure où on s'arrache les cheveux pour déconstruire à peu de frais les voiliers hors d'usage.

Les foils apparaîtront-ils sur les monocoques de croisière ?

En ce qui concerne l'utilisation des voiliers, on peut imaginer que les manœuvres seront plus faciles encore – gréement Aérorig, accastillage optimisé.

L'architecture navale promet quelques rebondissements, à l'instar des carènes de scow : ces coques toutes plates à l'étrave arrondie, déjà bien connues sur la côte est des États-Unis depuis un siècle, offre une puissance très supérieure aux dessins conventionnels et un axe de carène qui se décale, gîté... Loin de l'étrave, parallèlement à l'axe initial. Ce qui permet aux appendices de travailler beaucoup mieux. Les *Mini 650* ont montré la voie, le chantier AFEP Marine tente l'expérience avec ses *Rêvolution*, le *22* et le *29*... Gageons que d'autres constructeurs vont se laisser tenter par l'aventure scow ! Autre innovation majeure – même si celle-ci n'est pas neuve, Éric Tabarly faisait déjà voler des catamarans lors des années soixante-dix – les foils, bien sûr ! Si ces appendices n'équipent pour l'heure que les multicoques, ils apparaissent sur les 60 pieds IMOCA. Saura-t-on faire voler les monocoques ? Un croiseur sera-t-il capable de s'affranchir de la poussée d'Archimède pour devenir un avion ? Réponse en 2020 !

L'avis des professionnels

Et en 2020 ?

▸ Bruno Belmont, pour Bénéteau

Voir l'interview page 24

Les évolutions à venir sont la simplification de l'apprentissage de la voile, une coque adaptée à plus d'un usage, l'évolution des appendices et des formes de carène et un plus grand confort intérieur sans perdre en performance.

▸ Paolo Sério, pour Dufour

Voir l'interview page 44

En tant qu'acteur majeur du marché, Dufour Yachts s'efforce d'offrir aux plaisanciers des voiliers correspondant à leurs modes de vie, en termes de confort, de style et de fonctionnalité. Comme à la maison, les innovations technologiques deviennent des outils fondamentaux (domotique, connexion Wifi et 4G, commandes à distance, vidéosurveillance...) Les équipes Dufour Yachts suivent les tendances et travaillent en étroite collaboration avec des prestataires tiers afin de concevoir le voilier de demain.

▸ Denis Bourbigot, pour IDB Marine

Voir l'interview page 72

À l'avenir, le curseur largeur sur les voiliers de croisière sera à utiliser à bon escient. Pour s'en rendre compte, il suffit de voir les images des premiers Vendée Globe et celles d'aujourd'hui (avant les foils). Si les images de Titouan Lamazou lisant un bouquin en prenant le thé faisaient rêver, je ne me vois pas à la place de Jean-Pierre Dick en permanence en ciré et à quatre pattes pour se déplacer, sans doute incapable de boire un café bien chaud au risque de se brûler tant les nouveaux IMOCA sont devenus inconfortables.

▸ Martin Lepoutre, pour Fora Marine

Voir l'interview page 120

Nous voudrions intégrer l'expérience des voiliers de course pour améliorer encore les performances : mâts, voiles, quille pendulaire, foils ; etc. Il faudrait évoluer encore vers un design toujours plus innovant, différenciant, et séduisant. Et il est important d'accroître la dimension « eco-friendly » des *RM*, déjà très en pointe grâce au matériau CP.

▸ David Roy, pour AFEP Marine

Voir l'interview page 140

Du côté de la compétition, les foils vont défrayer la chronique. Chez AFEP Marine, les *Rêvolution* sont déjà un condensé des innovations les plus récentes. Avec ces voiliers, une autre étape est franchie en rompant radicalement avec les codes esthétiques du monocoque, à l'image de l'évolution des catamarans depuis plusieurs années. Nous poursuivons nos recherches avec la mise au point des *Rêvolution* de plus en plus grands (*35* et *42* à l'étude). Notre objectif : valider les performances de ces carènes sur des déplacements plus lourds et des programmes plus larges (croisière rapide, grand voyage...).

▸ Marion Excoffon, conceptrice du Tiwal

Voir l'interview page 158

Les prochains bateaux *Tiwal* devront permettre à une nouvelle génération de plaisanciers de découvrir les plaisirs de la navigation, sans contrainte matérielle, ni technique. L'usage familial partagé par les parents et les enfants nous semble une ligne directrice essentielle pour fédérer de nouveaux utilisateurs autour de cette activité. La voile devient un élément constructeur du récit familial, ainsi qu'une opportunité d'échange et de transmission. Cet aspect social va devenir impératif dans nos univers urbains individualistes et déconnectés de la nature.

INDEX

Remerciements :

Vous ne tiendriez pas cet ouvrage en main si Julie Quillien, éditrice de Vagnon, ne m'avait fait confiance. C'est avec elle que nous avons eu l'idée de sélectionner un voilier par année pour retracer 50 ans d'histoire de la plaisance. Voilà pour la trame de départ. D'autres idées, partagées elles aussi, sont nées en cours de travail pour enrichir ce livre.

Rédiger un ouvrage n'est pas si facile quand le temps est compté, déjà bien occupé par mes déplacements sur les différents plans d'eau, articles, photos, vidéos... Les plus observateurs auront compté 51 voiliers et non 50 comme l'indique le titre. C'est tout simplement parce que ce projet exigeant a pris un an de plus que prévu. Alors nous avons décidé de vous offrir un bateau supplémentaire, le *Rêvolution 29*.

Mais c'est précisément grâce à toutes ces journées passées sur l'eau en compagnie de marins expérimentés que j'ai pu acquérir une bonne connaissance des voiliers et des évolutions de l'architecture navale. C'est donc, après Julie, ces hommes et ces femmes qui conçoivent et construisent les bateaux que je tiens à remercier. Ce sont eux qui m'ont accueilli à leur bord et dans leur chantier. Autant de passionnés qui m'ont livré leur parcours et leur vision de la navigation. Merci également aux nombreux professionnels de la mer, supports presse et internet qui me sont fidèles depuis de nombreuses années : grâce à leurs commandes d'essais de voiliers et de reportages, ils participent bien sûr à diversifier plus encore mes expériences de marin – en compagnie d'autres plaisanciers, peut-être vous, lecteur(s).

Merci à Cyril Richard, avec qui je collabore depuis bientôt dix ans : un excellent marin, discret et aussi doué pour virer les bouées en tête que dessiner des éclatés de voiliers. Nous lui devons tous les plans de cet ouvrage.

Je garde le meilleur pour la fin : si j'ai terminé ce livre, c'est indéniablement grâce au soutien inconditionnel et à l'amour de ma compagne, Maud Nicolas, qui m'a encouragé et témoigné sa confiance jusqu'au bout.

Crédits photos :

Photos de Emmanuel van Deth, sauf :
Couverture : Fora Marine (RM 10,50)
Pages 10-11 : Jeanneau
Pages 20-21 : Jean-Michel Dailloux
Page 24 : Bénéteau
Page 25 : Wikimedia commons/Borgnefesse22
Pages 28-29 et 30 : Courtesy of Hobie Cat Company
Page 32 : Denis Harnois
Page 36 : Bruno Calle
Page 40 haut : Manuel Gérard
Page 40 bas : brochure publicitaire
Page 42 : DR
Page 48 : Christian
Page 51 : Gilles Ruffet
Page 55 : NNDD
Page 57 : DR
Page 60 : brochure Jeanneau
Pages 64-65 : Julien Magne
Page 76 : Bénéteau
Pages 80 à 82 : X 99
Pages 84-86 : Latitude 46
Page 88 portrait : Patrice Carpentier
Page 88 voilier : Structures/Didier Ravon
Page 90 : Wikimedia commons/Barbetorte
Page 92 : brochure Jeanneau
Page 94 : Manuel Gérard
Pags 95 à 97 : Bénéteau
Page 99 : Wikimedia commons/Hanninen Markku
Pages 100-101 : brochure Bénéteau
Page 103 : DR
Pages 106-107 : Lagoon/Claris
Pages 108-111 : Yves Ronzier
Pages 114-116 : Fora Marine
Pages 118-119 : Shutterstock.com/Sainthorant Daniel
Page 120, portrait : Fora Marine
Pages 122-123 : Lagoon
Page 130 : Structures/Didier Ravon
Page 134 : Bic sport/Fabio Staropoli
Page 140, portrait : AFEP Marine
Page 146 : Espace Vag
Pages 150-152 : Structures/A. Lindlahr
Pages 154-156 : Dufour Yachts/J.M. Liot
Page 158 : Tiwal
Pages 160 à 162 : Bénéteau
Pages 164 à 166 : Jeanneau
Page 181 : AFEP Marine
Page 186 : Shutterstock.com/Federico Rostagno